床，和床上的人類史

性交、出生、就寢、死亡……床的歷史與我們在上面做過的事

What We Did in Bed

布萊恩・費根、娜蒂亞・杜拉尼　著
Brian Fagan　Nadia Durrani

林楸燕　譯

《我的床》（*My Bed*）翠西・艾敏（Tracey Emin），泰特現代藝術館（Tate Modern），倫敦，1999 年。

獻給麥特

目錄

前言

喜劇演員格魯喬・馬克思（Groucho Marx）曾開玩笑說：「無法在床上做的事情，根本就不值得去做。」他可能說對了，因為人類幾乎在床上做過所有事情。對古埃及人而言，床是與死後世界的重要連結；在莎士比亞時代，床是歡樂社交之處；第二次世界大戰時，邱吉爾（Winston Churchill）在被窩裡管理英國政府。

然而，現代的床卻遭到忽視，棄置於角落。睡眠治療師說，床只用於睡眠與性交。也許由於它現在的「隱私」地位，大多數的現代歷史學家與考古學家因此忽視了床。非常少有文獻紀錄它的歷史與它在人類生活中扮演的角色。然而，佔據我們生命三分之一時間的床有許多故事能說。這些故事包括前人在床上做過的事，從受孕到死亡，以及其中的許多事情。鑑於這樣的主題有無限的可能性，我們決定以一系列的主題介紹床的故事，挑選其中最引人入勝的，述說我們的床與床上的歷史。

性交、誕生、死亡、用餐、統治、計謀、恐懼、夢想，臥室為藝術家提供了豐富靈感。歐洲中世紀時期反覆出現的基督教主題之一的三位智者，這三人顯然赤裸地一同躺在床上蒙受神啟。許多十八世紀的仕紳藝術家偏好將目光放在身處零亂被單中的慵懶裸女，她們面對敵人或奇異怪獸滋擾，看起來一副無助模樣，就像亨利．福塞利（Henry Fuseli）《夢魘》（*The Nightmare*, 1781）畫作中的仕女。法國藝術家賈克—路易．大衛（Jacques-Louis David）在一七八七年創作蘇格拉底於病榻上臨終前的樣子，將這位七十歲哲學家描繪得充滿活力、肌肉緊實：為法國大革命前夕，堅持對抗不公義當權者的典型。也有空著的木床，像是梵谷（Van Gogh）《在亞爾的臥室》（*The Bedroom*, 1888）令人放鬆的鮮紅色床鋪，以及羅伯特．勞森伯格（Robert Rauschenberg）在床單上用指甲油、牙膏與顏料創作的《床》（*Bed*, 1955）。近代裝置藝術家塩田千春（Chiharu Shiota）創作出以床為主題，複雜精細、幾近非現實世界的意象，例如《在沉睡中》（*During Sleep*, 2002）展示穿著白睡袍的女子在病床上沉睡的模樣，將女性疾病、脆弱與神話連結在一起。

最有名的床鋪意象來自英國藝術家翠西・艾敏（Tracey Emin）的《我的床》（*My Bed*, 1998）。艾敏在一次靈感迸發中展示了她在失戀後凌亂不堪的床，床周圍散落著沾上經血的內褲、空瓶子、菸蒂與用過的保險套。《我的床》引起非常多尖酸刻薄的評論——人們不僅質疑這是否真的是「藝術」，也因為今日的床被視為是極隱私之處，不該在文明社會裡公開討論。但這樣的觀點是非常現代的。在近代早期，即歷史學家卡洛爾・沙馬斯（Carole Shammas）戲稱為「床的年代」，床通常放在大家都能看見的主要房間裡，是家庭裡最珍貴、最有價值的家具。然而，我們對床的迷戀可追溯得更早。

關於人類最早祖先的床，我們並沒有任何證據。他們住在非洲大陸中心區域，到處都是掠奪者的環境裡，一開始睡在樹上，隨著時間演進，轉而住在岩蔭和洞穴中，以及在開放空間紮營，然後在明亮的火堆前相互緊抱取暖。但是，他們要怎麼保護自己，對抗夜晚潛伏的野獸呢？人類學會控制火之後，火不只提供溫暖與烹煮食物，也提供一個受到保護的地方，讓人類在夜晚降臨後能聚集睡覺。火在大型動物於漆黑夜晚出來狩獵的原始野外，提供了照明與慰藉。我們能想像一群獵人圍坐在熾烈火堆前，黑暗裡閃爍著火焰。有時，尋找獵物的野獸的眼睛也會在昏暗處短暫閃耀。當夜晚降臨，人類生活就繞著火堆與岩蔽處展開。

已知最古老的床來自南非的一個洞穴，是大約七萬年前，由現代人類在洞穴地面鑿出來的床。剛好「bed」在原始日耳曼語字根的意思即是「在地上挖出來的休息處」。這意義相當合適，不只是因為首次出現的床的確是鑿出來的，也是因為即便床的用途眾多，它總是休息之處。

現在大部分的房子都裝設有暖氣，導致我們忘了人類祖先容易受到大自然與環境影響的脆弱性。然而，人睡覺的方式與地點，對尋求溫暖和保護至關重要。像是在冰河時期晚期的氣候，或是近一點兩百年前的加拿大北極圈氣候，人類在氣候驟降、白晝逐漸變短之際，會躲到床上，幾乎在成堆毛皮中冬眠。住在四千年前加拿大巴芬島（Baffinland）獨立灣（Independence Sound）冬季屋子裡的人，會經歷數個月處於黑暗無光的半昏睡狀態，人們會捲縮在厚厚的麝牛皮下，將食物與燃料擺在身旁。

今日數百萬人仍睡在地板、硬質或木質地板上，裹著毯子、毛皮或是包在衣物中。五千年前隨著文明興起，床也隨著升高——特別是在菁英階級裡。在古埃及，乾燥的氣候保存了這樣的睡椅。到了圖坦卡門（Tutankhamun）時期，約西元前十四世紀中期，床的基本設計（即我們所認識的床）已經確立，雖然在枕頭擺放處略為抬高，以及床尾有避免睡覺的人滑下的豎板。睡覺用的平臺似乎沒什麼變化，但深入探索後發現其實變化很多，例如櫥櫃床、吊床、低矮水床與離地約四十公分的高床。儘管如此，在過去五千年以來，床的長方形基本設計出乎意外地幾乎沒什麼改變。甚至數千年以來，床墊也沒什麼變化。數百年來，人們將青草、乾草與稻草裝入大麻袋或布袋裡，作為基本床墊。有錢人則睡在數層床墊上，以避掉蟲子與填充物的搔癢感。高度發展的睡眠科技則是以各種技巧與騙術對抗失眠的當代產物。

有大量的研究繞著睡眠與其進化史，焦點特別投注於所謂的「分段睡眠法」（segmented sleep），其在電燈將夜晚化為白日之前的年代，顯然相當普遍。人們大約睡四個小時，然後醒來，接著行房、分析夢境、祈禱、做家事、見朋友，或犯罪和從事其他惡行，然後回到床上再睡個四小時。近期如十七世紀時，凌晨三點的倫敦街道迴盪著商人叫賣商品的聲音，這代表該時段必定有大批的顧客。也許就是因為現代人否定這樣的「自然」睡覺節奏，導致我們花上數十億美元在安眠藥上。我們能否僅透過瞭解以前的睡眠方式，解決現代的睡眠問題呢？

除了睡覺之外，床上還能進行很多事。床通常是性交的場域。但是，誰和誰性交、性交的時間與方式，可能隨各個社會而有所不同。儘管英國威廉王子與哈利王子可能對這個想法很厭惡，但王室的性行為通常是精心策畫的。官員們記錄了埃及法老與中國皇帝的性生活。即使性行為受到宗教權威譴責，特別對所有違反規範的行為表示不認同，但在皇宮之外，性行為仍是自由奔放的多。

我們也常常忘記在欠缺書寫文化的社會中，言談有多重要，因為在這樣的社會裡，所有見聞皆透過口說代代相傳。在漫長的冬夜裡，耆老與巫師會說故事、唸誦歌謠與召喚超自然神祕力量。這些故事可能是熟悉的、經常覆述的，但故事內容解釋了宇宙運行、人類起源以及人與神祕和自然界的強大力量的關係。在床上度過的時光，往往是凝聚人們情感與學習的粘著劑。一個人睡覺與消磨時間的地方，對人的生活來說非常重要。

在人類歷史裡大多時候，我們所熟知的隱私並不存在。同床人數眾多，因為這樣能提供保護。孩童、父母、甚至全家或親族會一起睡覺。床的社會規範是靈活且經常改變的。當晚的床伴可能隔天就改變。不論是陸路旅行或海上旅行，和陌生人共享床鋪非常普遍，歐洲和美國直到十九世紀都是如此，某些國家至今仍是如此。旅店出租單人床鋪，或是視旅客人數多寡收取通鋪費用。這樣的床伴安排並不會提供安寧。十六世紀英國詩人安德魯・巴克萊（Andrew Barclay）曾抱怨：「有些人大喊大叫，有些人喋喋不休，有些人醉醺醺地上床。」

獨立臥室曾一度被視為是王室與貴族的象徵，但即便如此，臥室仍被當作公共舞臺。法王路易十四（Louis XIV）在床上治理國家並處理國政大事。直到近兩百年來，一般大眾才將臥室圍起來，成為全然私密之處。然而，這樣的私密性已被未來式智能床所打破，這樣的床讓人與電子領域持續連結。到了工業革命之後，床被認為具實用性與象徵性，對人生劇碼來說，它某種程度像是一件道具。

床曾是這樣的舞臺！生命常常始於此，通常也終於此。王室的出生與死亡往往事關重大，特別在繼承仍不確定的情況下，因為當時的預期壽命很短，而君王可能會毫無預警地過世。中國和印度君王經常在周密戒護下獨自睡覺，英國伊莉莎白一世（Elizabeth I）與埃及法老也是如此。王室誕生與死亡總在眾目睽睽之下發生。英國內政大臣必須出席王室生產，直到一九四八年查爾斯王子誕生後才終止。一六八八年，四十二位顯赫公眾人物在聖詹姆士宮（St James's Palace）確認了詹姆斯二世（King James II）之子的誕生，這事件被英國歷史學家稱為圍繞王室誕生的第一場媒體馬戲團。

臨終床也常具有象徵的重要性，葬禮躺椅也是。在哈薩克斯坦的波來爾（Berel）遺址，有一處能追溯至西元前三百年的蒙古墓塚，裡面有兩具放在精美高腳木床上的斯基泰貴族（Scythian nobles）遺骸。在墓室之外有十一匹放在樺樹皮「床」上的馬，鞍具配件完整保存。此意象與蒙古宗教信仰騎在馬上的天空神有緊密連結，象徵生存與領導地位得仰賴馬力為動力。倘若死後世界裡沒了這些種馬，首領們將變得軟弱無力。

到了維多利亞時期，聚在臨終床前依然是項重要儀式，儘管當時社會已不鼓勵臥室社交行為。社會強烈訴求男女分別，特別對新興都會中產階級而言。對他們來說，臥室已變成私密避難處，自此這樣的看法席捲西方世界。數百年來，床的基礎技術也首度發生變化。一八二六年之後開始使用金屬彈簧，取代了傳統帶子與繩索，床因此變得更為精緻。機器製成的棉質床單是工業革命的產物，成為維多利亞時期裝備齊全的壁櫥裡主要的物品。在普遍很潮濕，同時又擔憂染上肺結核的年代，人們花費很大的心力保持床單清新與乾燥。一位維多利亞時期的家庭主婦曾抱怨，僕人從不會好好鋪床。他們只會把床包起來，使床變得「悶熱、不舒服」。現代實驗顯示維多利亞時期的僕人需要花至少半小時才能將床鋪好。一直到一九七〇年代，鋪床方式出現最偉大革命：羽絨被的發明，讓無止盡更換和清潔被單、上層和下層床單，以及其他層寢具的工作消失不再。

今日最先進的床是越來越科技化、多工化的後工業化社會的真實寫照。它裝有USB插槽以及其他設備，讓使用者能持續連線。同時，城市人口增加與高昂的房地產價格，讓數百萬人得住在公寓大樓裡、狹窄的單人套房與擁擠的高樓大廈。床因此得要掀起收納入牆，或再次出現在家的公共空間裡。

本書掀開現在被遮蔽的床，這是人類最基礎的技術之一。它揭示了最常被忽略的人類藝術品，這歷史時而古怪，時而好笑，但總是引人入勝。從中世紀大廳裡粗鄙的床伴嬉鬧，到美國總統的睡眠習慣，本書探查複雜多樣又鮮少被探索的場所，以及人們在此地所做過的事。

第一章　揭開床的面紗

「各地社會歷史與傳記裡，幾乎都遺漏了三分之一的故事。」建築畫畫家與家具專家勞倫斯・萊特（Lawrence Wright）於一九六〇年代在省思對過去的理解時如此寫道。[1] 考古學大都也忽略了床。但如果深入挖掘，就能發現，對考古學家來說，床是探究整個人類歷史的重要文物。

想睡覺的衝動

人類究竟何時開始使用床，端看我們對床的定義為何。遠古祖先可能像我們現在仍存在的靈長類近親一樣，睡在遠離地面的高處，躺在成堆的樹枝與草中。這樣做是必要的，因為東非大陸有很多把人類當作食物的危險動物。在沒有火與有效的狩獵武器防禦的數百萬年間，睡在高處很有保護作用。人類在睡覺與哺育幼兒時最為脆弱，因此會尋找堅實且彎曲弧度夠大的樹枝作為休憩處，並且會用樹葉和草做窩。不過，這些樹頂上的床早已消失在時間洪流中。

透過與人類最接近的靈長類親屬，即紅毛猩猩，讓我們得以窺見遠古祖先可能的製床方式。居住在烏干達西部的托羅塞姆利基保護區（Toro-Semliki Reserve）裡的紅毛猩猩，利用樹幹又寬又強韌的烏干達鐵木，彎曲樹枝編成結實的床。[2] 其他地方的紅毛猩猩族群也會小心選擇做樹窩的材料，幾乎每天都會做新床。這代表與一般人的床相比，紅毛猩猩的床出乎意料地非常乾淨，只有非常少量的排泄物和皮膚細菌。[3] 我們可以確定遠古祖先也是這樣做的。他們待在高處，必定使用樹窩作為睡覺、白日高溫時休憩與哺育處。現在很少人會經常睡在樹窩裡。

約兩百萬年前——時代仍有爭議——人類祖先學會用火。火提供了溫暖，人得以煮食，最重要的是免於野獸的威脅。有了火，人類祖先開始能繞著火堆在露天營地上、在凸出岩石下或在洞穴中休息。火增進了食物的分享，其誘人的溫暖使人們聚集在一起，有助於小群體形成緊密關係。住所與家族關係變得更為重要。男人與女人的關係必定也大為改變。靠近火堆與每晚緊密的身體接觸，讓性關係從偶然相遇變成與相同的伴侶（們）在共眠處進行規律性行為。擇偶可能是人類演化史中近代的特徵，而這樣的科技——火與床——在擇偶行為的出現佔有一席之地，讓人一想到就覺得有趣。也許只是由一堆草或一張獸皮組成的床，成為每日生活的重心，不僅是睡覺之處，也是每日分享與梳洗之處。

對於人類最早行為的描述大部分都是推斷臆測，到有了考古學中已知最早的床，我們才有人類過去床如何製作的實際證據。這些床來自南非烏坦加提河（uThongathi River）旁的懸崖，其上的西布度（Sibudu）岩石居所，約在德本（Durban）北方四十公里處，距印度洋約十五公里遠。[4]身體與心智幾乎與現代人無異的智人（Homo Sapien）在距今七萬七千年前到三萬八千年前之間，至少拜訪並睡在此處十五次。厚實的草、莎草與燈心草層層堆疊，這些植物仍生長在附近河流旁，呈現了一個經常使用但仍小心維護的睡眠景況。睡在洞穴或岩石居所時，很難保持清潔與免於蟲子的騷擾，但西布度人卻是這方面的專家。他們使用厚殼桂（Cryptocraya woodii）帶有香氣的葉子保護自己，這種樹的葉子有數種化學物質，能殺死蟲子、驅趕蚊子與其他蟲子。這些住民也經常燒掉植物床墊以解決蟲子與垃圾，接著再鋪上由鮮草製成的床墊。他們顯然喜愛大尺寸的床。大多數的床鋪平至少有三平方公尺這麼大。此處不只是睡覺的地方，人們除了會在草墊床上休息，也會在這裡準備食物與進食。

距今五萬年前，我們的尼安德人親戚在西班牙北部桑坦德城（Santander）西南方的艾斯奎魯洞穴（Esquilleu cave）裡也睡在成堆草上。兩萬三千年之後，我們的直系祖先住在以色列加利利海（the Sea of Galilee）海濱一個稱為奧哈洛二號遺址（Ohalo II）的居所，以狩獵捕魚為主。[5] 原本被水淹沒的區域由於湖水大量下降，露出一個橢圓形的狩獵小屋地板，其上仔細鋪著生長在湖濱、莖柔軟又細長的雜草。採集雜草的人用邊緣銳利的石製工具從莖部將草切斷，然後將其緊密地排在地面上。他們接著放一層緊實的黏土層保護底層的草，作成簡單的薄床墊。柔軟草墊很適合睡覺。睡覺的人將草束像瓦片一樣靠近牆排列著，預留一個中央空位放置火堆。奧哈洛人的床墊相當精緻。簡單的草墊排在中央火堆附近，通道留給準備食物與工具維護使用。由此可以看出，人們是認真看待夜晚休憩的地方。如同現代的狩獵營地，睡覺的地方與其他地方是分開的。

數千年來，人類睡覺時會靠近火堆，擠在一起取暖，在較寒冷氣候之地，則埋入皮毛與獸皮堆中。取暖與尋求保護是人類原始需求，所以人們成雙入對，無論是生孩子、哺餵母乳、生病或死亡，都在親族手臂可及之處。有些地方呈現了這樣的事實，包括了位在西德州佩科斯河（Pecos River）支流峽谷的海因茲洞穴（Hinds Cave）。[6]人類最早於西元前七千年左右開始拜訪此處。約三公尺長的乾燥洞穴是考古學寶庫，保存了很多東西，從植物到地墊、籃子與床墊。每次約有十至十五人組成的團體進出此洞穴，其後數千年持續用同樣的方式使用之。洞穴的兩個區域，一個在洞穴後方，一個在洞穴側邊的凹陷處，出現了以草為襯墊的睡坑與火坑的遺蹟。兩個睡覺區域之間有一大片排泄區。為了鋪好床，使用者挖掘淺坑，並用滿是樹葉的小樹枝鋪在其中。接著再鋪上一層舒適柔軟的編織塊狀墊子，有時則用丟棄的草鞋，其上再鋪著柔軟雜草填充物和睡墊。因為坑僅〇．九公尺長，〇．六公尺寬，所以睡在坑中的人只能蜷曲而眠，同時達到保存體熱的功效。這必定是睡覺之處，無法作其他用途。

與祖先一同入眠

快轉到西元前三千兩百年的英國奧克尼群島（Orkney Islands）斯凱勒灣（Bay o'Skaill）南岸。這海灣是狂風暴雨之地。一八五〇年嚴重風暴帶來極高的潮汐，一陣大風颳走了卡拉巴（Skerrabra）山丘的草（現代拼音法為斯卡拉布雷〔Skara Brae〕），露出遠古建築物的輪廓。當地地主斯凱勒的威廉姆．沃特（William Watt of Skaill）挖掘出四間房子，然後就停工了。原址一直沒有動靜，直到一九二五年另一場劇烈風暴損害了這些遺跡。當地人為了保存遺址而建了海堤，在過程中發現更多的房子。在一九二八到一九三〇年間，當時最著名的考古學家愛丁堡大學教授維爾．戈登．柴爾德（Vere Gordon Childe），挖出原本被沙包覆住的房子。

柴爾德教授儘管有著豐富的古歐洲社會知識，博學多聞的他從未見過像斯卡拉布雷的遺跡。[7]他挖掘出八間保存良好的房子，房子之間由低矮、有遮蔽的通道所連結。這些房子的牆面仍矗立著，通道的石板屋頂也完整保存，最重要的是每間房子內仍保留著石板隔間。每間房子由中間有火爐的正方形大房間所構成，房間兩側各有兩張床，在入口處對面有個櫥櫃，架子嵌在牆上。透過放射性碳定年法，我們知道斯卡拉布雷遺跡在西元前三千兩百年到西元前兩千兩百年間都有人居住，為新石器時代農夫聚落。英國床鋪的歷史首次深入遠古過往。

奧克尼社會的石板房子反映了一項重大改變。約在三百多年前，奧克尼人住在木屋裡，內部隔成小間。有意思的是這樣的室內設計和墓室設計相近。很難說明這樣做的原因為何，但在新世界裡——他們當時正處於農耕，開發土地的階段——也許他們想要與已逝先人維持明顯的連結。這些聚落相當親密，可能由小型親族團體組成，因此擁有土地的權利必定相當關鍵，而祖傳權利成為日常生活中相當重要的部分。

然而當奧克尼人開始建造石板屋，生與死的等式出現重大改變。不同於木造建築，斯卡拉布雷與其他當代的石造建築聚落的石板房子，皆能經歷數代都屹立不搖。人們持續居住在先人所建造的堅固耐久的房屋裡，有時可能會擴建，再將逝去先人的遺體葬在附近。農人定居於田地，數代都在這裡放牧。農業與石造建築都需要許多人規律地一同工作與生活。

八號屋子裡有個面對門的石板層架櫃子。房子的中心有個火堆，火堆的兩側有兩張從石牆延伸出的石床。右側的床比左側還大，所有遺跡裡的房子都是如此。據信大床是給男性的，小床是給女性，可是其他區分方式，例如與年紀相關，都是有可能的。在其中一個房屋裡，靠近門的床有較高濃度的磷，這顯示會尿床的嬰兒與孩童可能睡在此處，但這是推測。

大床總在右側，小床在左側。不同於西布度和奧哈洛聚落具多重功能的休憩空間，斯卡拉布雷的床較小，顯然是為了有限的活動設計。床的空間只容得下一位成人與一位孩童，尤其是當床格鋪上獸皮或皮毛的情況下。儘管睡覺時會翻來覆去的人可能會覺得擁擠，但在風大又寒冷的氣候裡，取暖是比較重要的。在漫長黑暗的冬季，人們有很長的時間都裹著毯子與皮毛，或躺或坐在火堆旁。中間由火堆點亮的區域會是人們說故事、交談、說笑、養育、進食的地方，而且考量到床的狹小以及對隱私有非常不同的看法，人們也可能在此處性交。晚上，大家可能會回到舒適獨立的床位。有些床框周圍有洞，這代表床也許有撐著簾子的欄杆，可能是為了取暖或是遮蔽蘇格蘭島嶼的夏天日光。

然而附近的七號小屋卻不太一樣。這間房子完全與鄰居隔絕，只能由側邊通道到

蘇格蘭奧克尼島的斯卡拉布雷遺跡裡的房子，左右兩側以石頭圍起的區域被認為是床。

圖片來源：Vincenzo Iacovoni/Alamy Stock Photo.

達。在屋內，有兩具女性遺體被發現躺在右側床與牆面區域地下的岩石墳墓裡。這兩位女子安息在以石雕裝飾的石棺裡，而墳墓是在房屋建造之前已經存在。也許葬禮是房子地基儀式的一部分——七號屋子只能從門外上鎖，可能是為了關住居住者之故。考古學家對於七號小屋的用處感到不解。這獨立的建築物是葬禮前安放死者之處嗎？抑或是分隔與分娩相關的儀式和日常生活的生產小屋呢？或是這樣的埋葬方式反映了對過去、現在與未來之間生命的延續的關注？在農耕社會裡，冬天、春天、夏天與秋天，耕種、成長與豐收的無盡循環定義了人類的存在。出生，成長為成人，然後死亡是很有說服力的象徵，提醒生命在先人時代即是如此，在未來，生活也會是如此。

可是，在此處睡覺的人早已逝去；讓人溫暖、舒適的獸皮、織品與雜草也已消失在轉瞬即逝的過去。我們如何確定看到的真的是床呢？即使是保存良好的斯卡拉布雷遺跡，柴爾德也只是有根據地推測。近來的發現告訴我們，他的推測應該是正確的。奧克尼主島的安塔尼斯角（Antaness Point）神祕的斯丹尼斯立石（Stones of Stenness）北邊的巴恩豪斯（Barnhouse），有十五個獨立建築物組成的新石器時代聚落，村落裡的石製家具中有更多的方格床。有間屋子裡有六個可能當作床的凹陷處。[8]

奧克尼家具之所以能保存是因為其由岩石製成——但當床是木製，由木樁支撐的時候呢？大多數的情況下，木製家具會灰飛煙滅。然而，專業挖掘偶爾會見到變色凸出於淡色土壤上的一排木樁槽孔。床，或至少是床的支架，奇蹟般地出現在我們眼前。在英國的另一端，位於距巨石陣東北方三公里處，矗立在底土為白堊的土地上的是名為杜靈頓垣牆（Durrington Walls）的土製圍牆（或陣）。考古學家邁克·帕克·皮爾森教授（Mike Parker Pearson）及其同事是解讀不顯眼的土壤變色的意義的專家。[9]他們用刷子與鏟子，找出小屋牆的木柱槽孔，以及曾經橫放木板或原木的白堊淺溝槽。這些是樑柱槽孔是僅剩的床和儲存箱結構。皮爾森教授立即聯想到斯卡拉布雷的床，但此地的方格床是由木頭製成。不只這樣，從杜靈頓垣牆到鄰近河流的大道旁有間正方形的大房子，裡頭有面南的入口與塗上灰泥的地板。沿著房子西側的牆可以見到一張方格床結構遺跡，另一側的牆也有一處床遺跡。另外三間房屋也有圍繞著中央火堆的方格床遺跡。

在杜靈頓垣牆和奧克尼聚落，床的作用是睡覺與取暖之處。但從奧克尼的發現可知，即使是簡單的睡覺之處，也具有象徵延續的深遠意涵。地中海中部小島哥佐島（Gozo）和馬爾他島（Malta）上發現的同時代的床，也被賦予類似意義與象徵意涵。不同的是這些床有個關鍵創新：床腳。

在西元前三千五百年到兩千五百年前，當文明於埃及與美索不達米亞平原上開始發展時，哥佐島和馬爾他島上小型的農耕社會有著以埋葬處和廟宇為中心的精美藝術傳統。散居在兩個小島上的小型農耕社群，由公共墓地與儀式中心連結彼此。這些與世隔絕的小島只能靠搭乘簡單的船，危險地航行才能抵達。與世隔絕的特質讓這些島發展出以神聖地點為中心，極為豐富多彩的宇宙觀。

哥佐島和馬爾他島的古廟宇相當繁複。狹窄通道連接廟外前庭，人們可於此處觀看儀式進行。細心設計的視線引導，使得人們的目光從入口走廊望向祭臺和展示儀式使用的模型與人偶之處。廟宇內部由橢圓形房間與走廊組成，但顯然很少有人能進入內部區域，因為此處通道設有橫桿。廟宇的隔間與藝術代表的儀式象徵令人不解。地下墓穴（hypogea）和廟宇的設計雷同，但空間設計更為錯綜複雜，並有更多無法進入的區域。在人們聚集觀賞和埋葬死者相關的儀式之地，我們意外地發現床的證據。

地下墓室豐富的壁畫或石雕展示男性和女性人像或坐或躺臥在長椅或床上，似乎將死亡描繪成長眠。[10]所有人像都穿著短裙，也許是地位的象徵。來自馬爾他哈沙弗里尼地下墓穴（Hal Saflieni hypogeum）的女子石雕，其側臥著，手臂內彎，雙腳伸直，頭靠在其中一隻手臂上，好似正舒服地休息。考古學家卡洛琳・馬隆（Caroline Malone）認為雕像姿勢反映了一個夢境般的體驗，也許穿梭在多層宇宙之間，即生者、死者和超自然界之間。

來自哥佐島布拉克妥夫（Brochtorff）的一對雕塑人偶直挺地坐在床上，手抱可能是孩子的人和一個供杯。這些莊嚴人偶擺在以曲線圖案裝飾的床上，附近有許多裝著紅赭石（ocher）的小杯子。馬隆推測這些容器與附近塗上紅赭石的骨骸，可能反映了誕生、生活與死亡的無盡循環。在馬爾他塔爾欣（Tarxien）一處遺跡外的垃圾堆裡發現兩個床雕像，其上有軀幹部位，或者可能只是能移動的頭。其中一個雕像有從床側向外伸直的腳，而下方小人偶則從床桿縫隙向外窺探。也許，這些多層次的雕像代表了保護各世代生者和死者的祖靈。這些石雕床以交叉的支架和綁帶形成碟狀的舒適休憩處，上頭疊了層層以蘆葦編織而成的墊子或稻草。這些床顯然有粗短的床腳。

廟宇與地下墓穴的設計顯然反映了生命與超自然界的願景，即一個由地底死亡世

哈沙弗里尼之睡覺中的女子。馬爾他，約西元前 3000 年。

圖片來源：Heritage Image Partnership Ltd/Alamy Stock Photo.

界延伸至天堂的多層次宇宙的想像。馬爾他世界並非都是寧靜安詳的，但像是哈沙弗里尼女子等許多畫像，都呈現出寧靜且舒適的生活。在這裡，床不僅僅是日常活動之處，它們是連結生者與祖先的宇宙平臺。

睡在低處

雖然有床腳的早期證據，但大多數人還是睡在地上。甚至在今日，全球仍有許多人，像是自給自足的農夫與窮人，仍然睡在地上。睡在離地面較高的床意味著與眾不同，為早期階級的象徵。如果你是活在埃及法老時代的平民，你必定睡在地上，可能墊著蘆葦墊，甚至是用稻草或羊毛填充的粗陋墊子，減緩直接接觸堅硬地面的不適感。對習慣現代床墊科技的現代人來說，這聽起來可能有些挑戰性，但據說這樣的睡覺方式有益身體健康。

物理治療師麥克・泰特利（Michael Tetley）一輩子都在研究非人的靈長類以及直接睡在地上的人。一九五三到一九五四年間，他帶領一群非洲士兵，這些士兵教他如何不用枕頭側睡在地上，還可以用雙耳偵測危險的方式。他發現山地大猩猩、黑猩猩和長臂猿沒用任何靠墊側睡。許多人也是如此，用手臂當枕頭，並移動肩膀讓脖子有完整的支撐。

泰特利記下所有不用枕頭的安全睡覺方式，其中有些先前未曾被記錄過。西藏遊牧民族跪趴著睡覺，撒哈拉遊牧民族有時蹲著睡覺。對於已經習慣這樣睡覺的人來說，這些睡覺姿勢顯然極為舒適。[11] 泰特利甚至記錄了在戶外席地而睡的男子可以採取的各種睡覺姿勢，來避免昆蟲叮咬陰莖。但是，很少有人會露天裸體趴睡：我們會感到很脆弱，特別是對於那些可能叮咬或鑽入我們皮膚與各種孔竅的爬行昆蟲，無論是真實存在或想像中的。

有些族群偏愛睡在地上，而非床上：這是種文化和美學的刻意選擇，與財富和地位無關。在亞洲，即便像床的離地平臺早在西元前十三到十一世紀間便出現在中國，睡在地上仍是常態。日本人到了近代仍習慣睡在地板上。約從西元八世紀開始，他們使用做成大約是人體大小的薄毯墊或稻草墊覆蓋滿房間地板，這些墊子稱作「疊蓆」（tatami，源自動詞 tatamu，意指摺疊）。疊蓆被用作床墊和坐墊，成為日本家庭標準配備，甚至拿來當作住宅統計的單位：疊蓆的數目等同於房間大小單位。日式床墊（futon），即放在鋪了墊子的地板上，內部填充棉花胎的棉質墊子，於十七世紀開始被使用。日式床墊的優點是便於攜帶。在今日都會擁擠大樓裡，日式床墊可以摺疊收納，讓睡覺空間能作其他用途。

在康士坦丁堡的鄂圖曼宮廷裡，並沒有離地的床，即使是蘇丹也是睡在鋪滿毯子和靠枕的低矮平臺上，所謂的床只是地板上略為高起的部分。人可以睡在任何能擺放床墊之處。虔誠的托缽僧侶通常偏好睡在地上，因為他們認為睡在硬質平面上能夠讓他們與貧困的靈性美德連結。然而，人一旦開始睡在床上，讓自己離開地面，睡眠機制就會改變，枕頭變成必需品，人也會更容易有下背痛。因此，在社會地位這個議題出現之前，睡在地上或硬質平面上未必是件壞事。有床腳的床幾乎總是象徵著社會階級的提升，一般是給富人或貴族。

睡在高處

有鑒於社會不平等是文明的特徵，有床腳的離地床成為人們關注的焦點也就不足為奇。美索不達米亞的蘇美人使用有床腳的木製床架。埃及早期的床只是有腳的木製床框，用皮革條、布條或緊密編織的蘆葦作成的睡覺平臺。這些離地床中，有許多的床腳並不等高，一般最高的一端在床頭，而床尾的踏板通常較低。

乾燥氣候是挖掘床者的益友，因為這樣的氣候裡木製物品通常能保存數千年。埃及沙漠的乾燥空氣就保存了一些令人讚嘆的床。宰相梅瑞如卡（Vizier Mereruka）生活在埃及第六王朝（約西元前兩千三百年）末期，服侍著法老特提（King Teti）。作為全埃及在法老底下第二位重要人物，梅瑞如卡身負重責，其中一項是擔任「皇家記錄書記的監督者」。[12] 梅瑞如卡娶了特提的女兒賽斯赫特．瓦泰可赫托爾（Sesheshet Watetkhethor），成為法老的女婿。這對夫妻死後葬在下埃及薩卡拉（Saqqara）一處有三十三間房間的神殿。石墓牆上的畫作與浮雕讓我們見到埃及人豐富多彩的日常生活，以及他們的床。

神殿內有五間房間屬於梅瑞如卡的妻子瓦泰可赫托爾。在一幅畫作中，宰相坐在婚床床頭，手肘擱在頭枕上，瓦泰可赫托爾則跪坐在他腳邊彈奏豎琴。供品、儲存罐和箱子整齊收納於床底。墓穴的另一幅圖上有張獅腿床腳的大床。兩名男子正在鋪床單，有五名隨從在一旁等待，雙手交叉胸前看著，這五人都有著「床單監管人」的稱號。梅瑞如卡手牽著妻子走近床，後頭跟著男女隨從。下一幅畫，床單已鋪好，頭枕也就位，象徵這對夫妻即將發生的圓房。梅瑞如卡被稱作「鋪床者」，而瓦泰可赫托爾被稱作是「頭枕者」。此畫作是埃及陵墓壁畫中，埃及畫師能呈現最富情慾的場景。出生與重生圍繞著貴族與皇家床鋪。用石頭、黏土或木頭製成的頭枕與升起的太陽與重生有關聯，同時提供給生者與死者使用。

身為法老的女婿，梅瑞如卡擁有最高品質的床。三百年前，約在西元前二五八〇年到二五七五年之間，海特菲莉斯皇后（Queen Hetepheres）過世時帶著富麗堂皇的家具埋葬，其中包括一頂有帳幕的床，床腳裹著黃金。雖然木頭早已腐朽，埃及古物學家喬治·賴斯納（George Reisner）將四散的鐵片重組，將床重建。數世紀後，男孩國王圖坦卡門過世時帶著六張貓腳床埋葬，最引人注目的一張床是由黑檀木製成並覆上厚實金箔。[13]金箔上還有抓痕，好似這張床被使用過般。三張預先製作的葬禮用床置於圖坦卡門陵墓的前廳裡，床較高的一端以動物頭像裝飾。其中一張床以獅頭裝飾，代表用來將遺體製成木乃伊的「獅子床」。另一張則以河馬頭裝飾，可能是獻給生產與生育女神塔沃里特（Taweret）。牛頭床可能更進一步用於召喚牛頭女神（Mehetweret），這再度與重生和創造擁有強大力量的概念連結。

法老的每一個行為都圍繞著強烈的象徵意義，連性生活也是。他日常生活的每一個細節都受到嚴密控管與規劃。正如希臘歷史學家西西里的狄奧多羅斯（Diodorus Siculus）在西元一世紀所寫的，關於法老，他說：「不僅是接見賓客和作出判決有固定時間，甚至散步、沐浴與妻子行房也是，簡言之，他生活中每一個行為都有特定的時間。」[14]同樣的事情可能也發生在數百年之前的資深官員身上，像是梅瑞如卡，他墓穴壁畫上顯示，即使是與妻子在床上共處，責任仍如影隨形。

之後的古代時期，床成為源遠流傳神話的主題。希臘和羅馬文學有很多引文提到床能提供舒適性與庇護。希臘和羅馬富人的床與埃及人的床相似——最基本的形狀為狹窄長方形——但希臘與羅馬床的床腳較高，而且常常也被當作桌子，也沒有床

圖坦卡門的葬禮床，置於其陵墓前廳，1922 年出土。

圖片來源：Alamy Stock Photo

尾的踏板，但有斜躺時作為支撐的床頭板。著名的希臘克里奈躺椅（klinē）起初被當作用餐的躺椅，後來變成常見的臨終床。編織的亞麻布條或皮條用以支撐墊子。接著出現多種不同的羅馬詞彙，用以修飾通用拉丁詞彙「床」（lectus），並反映床的不同用途。羅馬人睡在「lectus cubicularis」上，即「寢室床」（床與臥室有關聯，cubiculum 意指床），而「lectus genialis」意指「婚床」，用於激情夜晚。「lectus discubitorius」是用餐時使用的桌床，通常靠左側放，讓右手能自由移動。這樣的床通常能坐三人，最重要的賓客坐在中間。還有用於讀書和工作的「lecti」，給病人使用裝有輪子的床，給遭到緊緊綑綁的精神病患的床。「ectus funebris」即葬禮用床，載著死者前往火葬堆。[15]

床也是中國富人的社交平臺。東晉畫家顧愷之（約西元三四五~四〇六年）為中國水墨畫始祖。他的絹畫巨作《女史箴圖》現存九個場景，描繪皇帝與嬪妃之間相互猜疑地對視——無心之言可能加深猜忌。他們坐在有著精美帷幔的四柱床上，為沒有獨立寢室的皇宮提供某種程度的區隔。

床可能是硬的，如同現代中國人的偏好，但富人與有權勢者喜愛用精美的織品圍繞著床。中國對織品專業的知識生產出奢華的床幔，其上通常繡有吉祥的圖案，例如飛天神話人物。不久之後，頭枕被枕頭取代。枕頭有讓使用者能斜躺的優點，能進行除了睡覺之外的社交活動，同時保持繁複髮型完整。

過去數千年來，床的基本設計沒有太大的改變。在大多數地方，人睡得越靠近地板，代表越貧窮。貴族和富人睡在離地床上，蓋著舒適布料。離地床的周圍掛著可能用來隔絕蚊蟲或冷風的布幔，這是種社會地位的象徵。窮人只能安於睡在地上。較富有的希臘人，特別是羅馬人，睡在床面傾斜的窄床上，床頭處較高，擺有長靠枕，跟數千年前的法老一樣。

歐洲時尚

貴族、富人與平民的差異延續至中世紀的歐洲。平民，即大多數人，實際上可能只能躺在稻草上，或許用簡單的毯子或斗篷包裹著。早期現代歐洲的床型式可以從地上簡單的稻草堆，或內裝稻草放在離地平臺上的袋子，到嵌牆式箱型床與帶有輪子的低矮床。到了十二世紀時，床變得越來越寬，有時寬達四公尺，逐漸變成實質家具，離地高度足夠使下方可以用來儲存物品。其上為裝滿稻草的底層床墊，中層則是麻布或羊毛製床墊，接著再上一層為羽毛床墊，最上方覆蓋床單。

現代床的基本元素在中世紀晚期之前已完備。當時超級富豪擁有的精緻床單中，像是現存於倫敦維多利亞與亞伯特博物館（Victoria and Albert Museum）的崔斯坦被子（Tristan Quilt），由麻布內填入棉花襯墊製成，約於一三六〇到一四〇〇年間在義大利西西里島製作，其上繡著多達十四幅圖案，描繪當時深受歡迎的崔斯坦與伊索德（Tristan and Isolde）傳說。博物館的導覽卡如此介紹：「有著生動的戰鬥、船艦和城堡場景，在燭光下看起來特別令人驚艷。」的確是如此，但若從現代人的眼光來看，它看起來很粗糙且笨重。[16]

除了覆蓋床鋪的被子和床單，中世紀時期，人睡覺時頭可能會躺在一顆橫跨整張床的長抱枕上，同時還有靠枕和枕頭讓人起身時能舒適地坐著，也可能半坐著睡覺。為什麼中世紀的人會讓身體以傾斜角度，有時甚至直挺挺地坐著睡覺的原因不明。可能是因為床墊容易下陷，抑或是害怕平躺——這姿勢廣泛被認為與死亡有關。十七世紀荷蘭畫家林布蘭（Rembrandt van Rijn）可能就直挺挺地睡在阿姆斯特丹家中其中一個擁擠的箱床裡。由於有些男子認為枕頭很女性化，所以選擇枕在圓木上睡覺的男人相當多。雖然頭枕在木頭上睡覺聽起來不太吸引人，但硬質頭枕並非新鮮事：早期中國人、古埃及人、努比亞人、希臘人，以及後來日本人與非洲人睡覺的頭枕常使用堅硬材質製成，其中間凹陷，用來擺放頭髮。

中世紀歐洲上流社會的床以讓人留下深刻印象為目標，而且通常被懸掛在天花板上的床幔所圍繞。當時新鮮空氣被認為會讓人生病，床簾能保持溫暖，同時也能隔絕夜晚的魔鬼、巫婆與幽魂入侵。富商約翰・佛汀（John Fontin）約在一二九〇年間委託人在他英國南安普敦的家中建造一座這樣的床。今日我們能見到重建版的床，被擺在房間一角，四周圍上厚重的長垂廉。十五世紀末之際，義大利人想出阻隔夜晚冷風與魔鬼的新方法：將床簾直接掛在床架上的四柱床。

在英國都鐸時期，這樣的四柱床成了富人必備品。十六到十八世紀間，四柱床在英國富裕家庭裡更廣為使用。如同先前的床型，它們通常有吊繩、帳簾支柱與床架，這有點像吊床，而且即使定期拉緊吊繩，睡覺的人通常還是會滑到床中央。英文旅遊簡介裡常提到拉緊繩索（rope-tightening）的問題，即是古老的睡前歌謠「晚安安，好好睡」（Night night, sleep tight）的由來。然而，此用語目前已知最早出現在一八六〇年，一直到了二十世紀才廣為使用，因此這樣的說法仍有待考查。

不論此用語的起源為何，拉緊繩索為當時日常生活的一部分。當時很少人會完全斜躺在四柱床上，而是用半臥半坐姿勢入眠。接下來的兩百多年，富人之間競相製作更華美、更大的四柱床，有時床的尺寸大到幾乎塞滿整間房。在歐洲早期現代時期，床時常是家裡最吸引人，也是最昂貴的家具。床是項大投資。擁有額外的床是件奢侈的事。十七世紀倫敦日記作家山謬．皮普斯（Samuel Pepys）曾寫到：「我極為自豪，有額外的床給朋友。」[17]

美國殖民地的生活較為受限。最早到美國的殖民者，他們的床和留在家鄉的床類似：床的風格為英式或荷蘭風格，有厚重成堆的床罩，用以隔絕寒風與溼氣。從荷蘭來的殖民者偏好櫥櫃，即箱型床，這在十七世紀的荷蘭非常普遍。這樣的床通常不是單一件家具，而是以嵌入房間牆面的方式建造。

到了十九世紀，現代化和衛生逐漸成為西方最重視之事。英國織品設計師威廉．

莫里斯（William Morris）摒棄厚重羊毛、錦緞以及脆弱的絲綢，選用輕量棉花，設計出乾淨、吸引人的床幔。[18] 莫里斯仍相當喜愛他的舊床，常常睡在家裡十七世紀的四柱床——但他用女兒設計的新式床簾包圍舊床。他寫了一首繞著床為主題的詩，詩以「好好休息」（Right good is rest）為結尾句。

「好好休息」是現代人特別需要之物，因為離家工作的時間越來越長。隨著工業化，許多家庭丟掉舊床墊，裡頭填著當時能找到的任何素材，像是羊毛、青苔和破舊衣物等。工廠製造的裝有金屬彈簧的鐵製床架開始流行。這樣的床理想上應該備有硬質馬鬃床墊、羽毛床墊、鋪著數層底層和上層的床單，三或四件被單，一個鴨絨枕頭和枕頭套。對中產階級和上流階級而言，家庭衛生標準很高，一些持家手冊倡導每天翻整床墊，每天換兩次枕頭套。因此家裡必須有僕人。

第一次世界大戰之後，古老的傭人與僕人階級制度逐漸消失在西方世界。當缺少女僕時，鋪整繁複的床變成煩人瑣事。一九七〇年代英國設計師泰倫斯・康藍（Terence Conran）推廣瑞典羽絨被之後，時尚家庭終於能鬆一口氣。有床腳的床首次進入三分之二的公寓。現在，我們的床不僅容易鋪整，還能從全球各地工廠買到廉價的床。床儘管是最常被使用的家具，但現在卻很少有人評論，也經常被隱藏起來。[19] 然而，床揭示了我們是誰、我們如何生活以及我們的思考方式——而且一直以來都是如此。

第二章 睡眠的歷史

威爾斯作家威廉・沃恩（William Vaughan）在一六一二年出版的《健康指南》（Approved Directions for Health）手冊裡談及睡眠「能增強精神，舒緩身體，平靜心情……帶走哀傷，減緩心頭憤怒」。[1]當時有則義大利諺語說：「床是良藥」，回應了當時認為睡眠對於健康至關重要的主流醫學意見。根據某則西安格利亞諺語，對某些人來說，睡覺是「忘記世界」的方式。許多人相信睡覺甚至能形塑陰陽兩界的命運。悲觀主義者威廉・菲斯汀／菲斯頓（William Phiston 或 Fiston）在其著作《禮儀學》（*Schoole of Good Manners*, 1609）裡將黑夜描繪成象徵「恐懼、幽暗與哀傷」。他稱床是墳墓的原型。[2]

在無數人都恐懼黑暗的世界裡，一夜好眠成為靈魂健康的守護者，人們睡覺的床則是身心轉化之地。在十九世紀，維多利亞時代的人習慣在睡前用熟悉的物品環繞自己，凝視床單和被子上的宗教圖像刺繡，接著禱告、讀經後再睡覺。每晚入睡前，人們理想上應該會在屈膝禱告中與神和解。對睡眠的害怕心理在現今忙碌的世俗世界裡已逐漸淡去。現在大多數人都認為睡眠不過是解除疲勞的方式。我們做的夢，如果記得住的話，通常最好不要讓他人知道。

古埃及人相當重視夢，認為神藉由夢傳遞指引訊息。催夢或「孵夢」的最佳方式是前往聖殿或寺廟，並且在該地過夜以得到特別的「夢」。這些解釋夢境的書現在仍留存。西元前一二七五年，有位來自德爾麥地那（Deir el-Medina）的記錄員昆希爾科普舍夫（Qenhirkopeshef），該地為建造帝王谷（Valley of the Kings）的工匠們的居所，他撰寫了一本提供超過一百種解夢方式的書，其中將夢分為吉利和不祥兩種。吉利的夢有：「如果夢到自己在埋一名老人，這是好事，代表人畜興旺。」不祥的夢有：「如果男子夢到自己正與女子性交，這是不好的，因為那代表哀傷。」古埃及人幾乎總是將春夢視為不好的，特別對女子而言——即使是夢到與丈夫行房也是凶兆。少數正向解讀的女性春夢通常涉及動物，例如一則節自《卡爾斯堡莎草紙卷第十三卷》（*Papyrus Carlsberg XIII*）的愉快家庭夢：「如果她和埃及聖䴉親熱，她〔將〕擁有一棟設備齊全的房子。」[3]記錄員們使用「ad」（意思為床腳）這字彙意指睡眠，並加上「rswt」（以張開的眼睛表示）來表達夢境。「rswt」的字面意義為「甦醒」。因此，夢境的象形文字即是一張床加上一隻張開的眼睛的圖像。此圖像蘊含古埃及人對夢境的看法：一種與神祇和來世溝通的方式，以及療癒和指引人生的方法。

睡眠神廟在希臘時期仍延續著。像古埃及人一樣，大多數希臘人相信神祇利用夢境傳達訊息或指引。務實的亞里斯多德在著作《論睡眠中的預兆》（*On Divination in Sleep*）中質疑夢為預兆的看法，提出夢比較可能是源自過往經歷和想法而來的影像之結論。儘管如此，相信夢有預知潛力的看法仍相當盛行。耶穌夢到遭到背叛。羅馬皇帝卡利古拉（Caligula）夢到他站在諸神之王宙斯的王座跟前，隨後被踢落於地，他認為這是死亡的預兆。隔天他就被刺殺了。

一五九〇年，來自馬德里，年輕的露克蕾西雅・德・里昂（Lucrecia de León）被捕，因為西班牙當局說她的夢引起「醜聞和不安」。幾位教士在數年之間記錄下露克蕾西雅四千多次的天啟夢境，內容包括西班牙遭到英國和土耳其軍隊擊敗與世界末日。只有一個重要夢境成真：無敵艦隊的覆滅。甚至是她的父親也跟她說：「夢只是夢」以及「倘若你真的相信夢境，我會下令殺了你」。最終，她被判鞭刑一百下，並且得在修道院服務兩年。

有些夢境在其他層面上非常美好，儘管可能對婚姻和諧造成問題。在一六六六年倫敦大瘟疫的高峰期，日記作家山謬・皮普斯記下了與索梅恩伯爵夫人（Lady Castlemaine）度過幻想中的火熱夜晚是「最棒的美夢」。他的妻子伊莉莎白・德・聖米歇爾（Elisabeth de St Michel）十分懷疑他的說法，所以開始觀察皮普斯睡覺時陰莖是否勃起。其實他們的婚姻早就因為皮普斯真實生活中和人偷情出了問題，包括跟為幫忙伊莉莎白而雇用的女傭戴布・維勒（Deb Willet）。儘管如此，據說年僅二十九歲的伊莉莎白因傷寒過世後，皮普斯因打擊太大而再也不寫日記了。

夢的紀錄在十八世紀的上層社會裡非常盛行。一位倫敦商人因發明了「夢的紀錄本」（Nocturnal Rememberancer）而致富，這是一個備有水平輔助線的羊皮紙板，可以在燭光旁記錄夢境。[4] 到了十九世紀，一群新的思想家重新關注夢指引人生的重要性，其中的領導者即佛洛伊德（Sigmund Freud）。他的著作《夢的解析》（*The*

Interpretation of Dreams）於一九〇〇年出版，內容提及他認為夢是壓抑的欲望、恐懼和想望的象徵性表現，這些受到壓抑的感受通常因為太痛苦而無法直接經歷或記住，因此藉由「精神審查」（psychic censorship）轉化進入潛意識裡。[5]他在分析時，回頭檢視了占卜師以弗所的阿特米多魯斯（Artemidorus of Ephesus）的著作。阿特米多魯斯在西元第二世紀時翻譯了許多埃及的夢境符號，像是右手代表父親、兒子，或朋友，而（不祥）左手代表母親、妻子或情婦。卡爾・榮格（Carl Jung）也相信夢境揭露了內心世界的祕密，展現作夢者隱藏的個性。與前兩位同時代的阿爾弗雷德・阿德勒（Alfred Adler）則視夢境為解決問題的方法，更進一步暗示有（或記住）越多夢的人，也有越多的問題。

現代睡眠專家吉姆・霍恩（Jim Horne）提醒夢不過是可以忘掉的B級片：「我們在清醒時遇到和想到的事物之超現實混合拼貼。」[6]有些科學家推測睡眠作夢期能優化身心的恢復與某方面強化記憶。儘管如此，夢的重要性由來已久，對某些人來說難以動搖。宗教心理學家與睡眠和夢境資料庫的主任凱利・布爾克利（Kelly Bulkeley），也是一些夢境分析網站的幕後推手，包括以唐納・川普為焦點的

IDreamOfTrump.net。他認為夢對於瞭解生活來說至關重要。

夢境偶爾給人覺醒的靈感，如同古埃及人可能會說的那樣。法國哲學家笛卡爾（Descartes）聲稱一六一九年某夜他做了一系列的夢，內容揭示了新的科學方法基礎。（然而我們必須承認五百年前博學的阿拉伯人海木什〔Ibn al-Haythan〕已制定了科學方法。）DNA結構的共同發現人詹姆斯・華生（James Watson）夢到一座螺旋樓梯，即雙螺旋的提示——雖然這可能是他看了羅莎琳・富蘭克林（Rosalind Franklin）的X光繞射圖像後而產生。瑪麗・雪萊（Mary Shelley）說《科學怪人》（*Frankenstein*）是受到一個夢境的啟發。比利時漫畫家艾爾吉（Hergé）夢到《丁丁在西藏》的內容。保羅・麥卡尼（Paul McCartney）夢到《Yesterday》旋律，一開始以為自己只是想起童年時期的一首老歌；詹姆斯・卡麥隆（James Cameron）生病發高燒時想出了電影《魔鬼終結者》（*The Terminator*）的點子。

在許多非西方社會，夢境被廣泛地討論。澳洲原住民偏愛睡在靠近族人的地方，因為睡覺的方式會影響人的靈魂與傳命（Dreaming）連結的能力。[7] 擁有超自然力量的人宣稱能夠進入力量強大的超自然界，並遊歷一般人無法到達之地。他們透過睡在重要地點，或靠著睡覺時來訪的靈來獲得這些力量。剝奪睡眠是美洲原住民群體啟發心靈與賦權的一種方法，讓追求靈視的人進入恍惚狀態，進行旅行。薩滿可以閉上雙眼，神識離開身體到遠方遊歷。這樣的旅行會留存在實踐者心上，成為文化知識、個人經歷與人際關係的一部分，融入了挑戰自然法則的經驗。夢視對許多非西方社會有著深遠的影響力，儘管這樣的影響力往往不明顯。

分段睡眠

做夢是長睡眠過程的一小部分。所有生物的運作都靠著每日內部生理時鐘，即晝夜節律（circadian rhythm）。在人類身上，眼睛後方有兩萬個看不見的神經細胞接收環境訊息，包括存在的光線，以維持生理時鐘的運行。

一九九〇年代早期，美國國家心理衛生研究院（National Institute of Mental Health）心理醫師托馬斯．威爾（Thomas Wehr）為了複製自然世界，讓一群志願者連續一個月的時間處在每天有十四個小時是黑暗的環境裡。[8] 到了第四週，這群人已經適應了平均八小時的睡眠——但並非連續一次性。相反地，這些人一般傍晚時清醒躺著一到兩小時，然後由於黑暗觸發褪黑素上升而很快入睡。睡了三到五小時後，受試者會醒來一到兩小時，然後再睡三到五小時。威爾稱兩段睡眠中間的時期為「無焦慮甦醒」，幾近「冥想狀態」。此時期有其內分泌學，包括高量的泌乳激素，這是一種與泌乳母親和性高潮相關的減少壓力的賀爾蒙。對威爾來說，此項實驗暗示這種雙相睡眠是人類夜晚的自然節奏。

維吉尼亞理工學院暨州立大學（Virginia Tech）歷史學家A・羅傑・埃基希（A. Roger Ekirch）受到威爾研究的激勵，開始收集提到雙相睡眠的歷史文獻。[9] 拉丁文本，例如成書於西元一世紀，李維（Livy）的《羅馬史》（*History of Rome*）與維吉爾（Virgil）的《伊尼亞斯紀》（*Aeneid*），皆數次提到「primo somno」或「concubine nocte」，即「第一段睡眠」。在中世紀時期，包括喬叟在內的作者的文本顯示，英國人通常在傍晚進行「第一次睡眠」（fyrste sleep），醒來後可能會吃些東西，然後接近凌晨時再進行第二次睡眠。在夜間清醒的期間，英語使用者似乎稱之為「清醒期」（watch 或 watching），人們可能回想夢境、交談、抽菸、用餐或性交

（猶太文獻建議這段期間有利生育），其他人可能將清醒期用於虔敬之途。

許多宗教認為凌晨時光是段充滿靈性的時間。例如《可蘭經》提倡凌晨兩點或三點在家或清真寺進行深夜禮拜（the Tahajjud）。禮拜之後，虔誠信徒通常會回去睡覺，直到早上必要的晨間禮拜時間再起床。早在西元第六世紀，本篤會創建者努西亞的聖本篤（Saint Benedict of Nursia）要求修士需在午夜後起床覆誦詩篇。到了中世紀盛期，天主教徒經常在安靜的凌晨進行禱告，這些虔敬的行為有助於對抗惡魔。根據西方民間傳說，巫術與黑魔法在凌晨時分最具效力。從一四八四年到一七五〇年間，約有兩百萬西歐女性被認為是女巫而遭到殺害：其中一項罪行就是深夜無正當理由在外。所謂的「女巫時刻」（witching hour）一詞，首次記錄於一八八三年，意思包括午夜至凌晨四點的各個夜間時段。這顯然是試圖控制女性行動的一種手段，因為有更多證據顯示男性利用清醒期做壞事。一六八〇年，牧師安東尼・霍內克（Anthony Horneck）感嘆強盜和竊賊會在午夜爬起來搶劫、謀殺他人。一個世紀後，牧師約翰・克萊頓（J. Clayton）牧師於一七七五年發表了嚴肅的〈給窮人的友善勸告〉（Friendly Advice to the Poor），在其中警告了「午夜狂歡的危險」。

對其他人而言，特別是那些無名的城市居民，他們得工作。十七世紀初的作曲家奧蘭多・吉本斯（Orlando Gibbons）為一首名為《倫敦的吶喊》（*The Cries of London*）的市集歌謠填詞。開頭是一位單身市集小販唱著「神祝早安，我的客人們，凌晨三點，這是美好早晨。」接著有各種聲音加入合唱，告訴大家所有特價的商品。凌晨三點，這座城市生氣勃勃。

如果分段睡眠曾是如此普遍，為什麼人們遺忘了它？為什麼沒有更多文獻提到它？可能是雙相睡眠非常普通，因此當時的人不覺得需要分析它。十七世紀偉大的作家，如喬治・維瑟（George Wither）和約翰・洛克（John Locke），都將雙相睡眠視為日常。洛克在一六九〇年寫到「所有人都進行間歇睡眠」，沒有更多評論。此外，雖然到了十七世紀晚期，留下日記和其他可能會提及睡眠模式描述的人數大增，然而到了這時期，人工燈光和熬夜已成為富人階級的時尚，而這些富人也是最常見的文本作者。結論是分段睡眠與無人工燈光的世界相關聯，而人工燈光模糊了白天和黑夜之間的界線。

人類學家的研究是否能為此爭論提供解釋呢？二十世紀對無工業化和無燈光的

非洲蒂夫族（Tiv）、查加族和 G/wi 族農夫的研究顯示，雙相睡眠在這三族群裡是日常生活的一部分。[10] 直到一九六九年，奈及利亞中部自給自足的蒂夫族農夫仍使用「第一段睡眠」和「第二段睡眠」作為傳統時間間距。另一方面，由加州大學洛杉磯分校睡眠障礙中心（the UCLA Sleep Disorders Center）的傑羅姆・西格爾（Jerome Siegel）領導的團隊對分別在坦尚尼亞、納米比亞和玻利維亞三個相隔遙遠的狩獵和採集社會進行研究。在每個案例中，研究者幾乎沒有發現任何晚間間隔睡眠的證據，但有發現一些日間小歇的證據，尤其是在夏季。他們也發現當地人晚上平均睡六個小時，少於西方醫生通常建議的八小時。但是他們並沒有肥胖、糖尿病或情緒障礙等科學家一般認為與睡眠不足有關聯的負面健康影響。對於西格爾的團隊而言，一次睡六小時似乎表現了「人類睡眠模式的核心，很可能是現代化時期之前的智人特徵」。[11]

不論多麼與世隔絕，被研究的這些人類群體之中，沒有一個是生活在與工業化世界隔離的原始史前狀態。人類學先驅有時的確研究了未曾接觸西方人和現代科技的群體，除了偶爾提到睡覺的對象和時間，都未曾提及睡眠本身。除此之外，人類學家認為睡眠太平淡無奇，不值得記錄。波蘭裔人類學家布朗尼斯勞・馬凌諾斯基

（Bronislaw Malinowski, 1884–1942）花了相當長時間和西南太平洋特羅布里恩群島島民相處，在他的日記裡經常寫下他「去睡了」。但是他睡覺的同時，島民仍醒著聊天，這是人類學家與研究對象對睡眠抱持不同觀點的經典例子。雖然馬凌諾斯基盡責地記錄睡覺小屋，卻沒提到床和睡眠習慣。他的確有記下睡覺時對島民來說是危險的，因為可能會被襲擊，以及人們在這個時候特別容易受到巫術的影響。其他早期人類學家，像是研究尼羅河流域的努爾人（Nuer）的阿爾弗雷德·拉德克利夫—布朗（Alfred Radcliffe-Brown, 1881–1955），也有類似的觀察紀錄。

最終，每個社會用不同方式教導年輕人關於睡眠，因為睡眠是生物也是文化現象。此外，智人非常善於適應。人類做事總有許多方式，而我們不能假設所有人類睡覺方式都一樣。縱使雙相睡眠似乎是少數人類學研究非工業化社會的睡眠的主要模式，但雙相睡眠很可能不是人類唯一的睡覺方式。然而，人類有雙相睡眠的傾向可能解釋了一些現代睡眠時遭遇的問題。

工業化睡眠

在現代社會裡，人類受到時間表規範，因此出現一種幫助人類準時入眠和起床的產業。一九〇三年，第一種現代安眠藥物出現，即稱作「佛羅拿」（Veronal）的合成巴比妥酸鹽類。到了一九三〇年，美國每年使用巴比妥酸鹽類劑量超過十億劑。二〇一三年美國疾病管制暨預防中心（Center for Disease Control）報告指出有九百萬美國人，即全美人口的百分之四，使用安眠藥物。二〇一四年，全球在助眠藥物的花費估計約達五百八十億美元，預計到二〇二三年，金額會上升超過一千億美元。苦澀的事實是這些藥物一般只能增加二十分鐘的睡眠，但卻會帶來許多副作用，像增加跌倒的風險或失智等。

然而治療睡眠的方法早已存在。羅馬皇帝普布里烏斯・利奇尼烏斯・瓦勒良（Publius Licinius Valerianus）經常使用從纈草（Valerian）製成的混合物，因此以他的名字命名該草藥。鴉片也是另一種長時間受到喜愛的藥物。古埃及藥物莎草紙卷建議將鴉片與薰衣草和洋甘菊混合。十六世紀一位法國醫生建議將鴉片丸塞在耳後由血蛭咬出的小孔中。大多數十六期世紀失眠富人偏好較輕鬆的治療方式，即飲用由鴉片和稀釋酒精混合而成的鴉片酊（laudanum）。在十九世紀的歐洲和美國，最主要的安眠藥劑是由酒精、糖和鴉片混合的鴉片酒（或酊劑），這是種通常比一杯琴酒或葡萄酒還便宜的類嗎啡混合物。酒類本身也是種治療方式：許多德國人在睡前飲用高酒精濃度的「睡前酒」（Schlaftrincke）。

助眠藥物成指數型成長與工業革命息息相關。人類演化學家可能視安眠藥為另一種人類適應方式：人類需要安眠藥，因為工業化資本主義讓人類需要遵從嚴格的時間表。大多數人需要及時起床工作，工作通常在家之外，而且必須要工作到一定的時數。記者亞利安娜・哈芬登（Arianna Huffington）寫到，由於工業化的關係，睡眠「成為另一種盡可能利用的商品」。[12] 這樣的文化灌輸從小開始：五歲的孩童被迫固定時間起床上學，而且遲到會受罰。幾乎與倡導工業化沾不上邊的湯瑪斯・傑佛遜（Thomas Jefferson）認為普及教育是民主共和國家的關鍵要素，然而，這樣的實行方式也方便讓下一代做好迎接職場嚴謹時間表的準備。

這樣的諄諄教誨代表倘若我們跟隨自然的雙相睡眠模式在凌晨醒來，我們可能會驚恐萬分：我們該怎麼面對接下來的白天？數十億人服用安眠藥，其他人只能發愁。然而在懷錶、工廠出勤表和火車時刻表出現的時代之前，睡眠並沒有固定的時間表。唯一的後果是睡覺時間越晚，清醒時間越晚，第二段睡眠也跟著越晚。例如在喬叟的《騎士隨從的故事》（*Squire's Tale*）中，韃靼國王的女兒卡娜絲（Canacee）在「傍晚即入睡」，然後在第一段睡眠之後的凌晨醒來，同行的旅伴則熬夜到很晚，然後一直睡到天亮。

工業化時代帶來了新的誘惑：夜晚突然變成燈火通明的遊戲場。當然，這樣的想法並不新奇。古羅馬以弗所城與安條克城（Antioch）的某些街道已有街燈照明。九世紀西班牙南部的伊斯蘭哥多華城（Córdoba）也有一些照明。然而這些燈光照明並非四處可見，一直到了工業革命之後才日漸普及。廉價煤氣與電燈的普及代表到了十九世紀末期，能夠熬夜的人不再只有貴族。柏克萊加州大學睡眠研究員馬修・沃克（Matthew Walker）表示，抵抗睡眠的結果是使人們變胖、生病與憂鬱。[13]

過去的夜晚是一段黑暗時光。考古學家的工作有時會帶我們到極為偏遠的地區，我們能在這裡短暫體驗無電力世界。當我們在葉門紅海平原挖掘遺址時，典型的夜晚如下：入夜後（冬季時可能會很早）圍著火堆坐，意識到天色非常黑暗後，打開手電筒，結果吸引大量成群的飛蟲，所以關上手電筒，想起明早得在五點太陽升起時起床，於是躲回安全的帳篷裡睡覺。夜晚的壓迫時而在現代世界中被遺忘。在英語裡，暗夜曾經有自己的名字：夜季（night season）。即使在歐洲較大城鎮裡，中世紀旅者會僱用提燈者幫助照明夜晚路途。在倫敦，這些人被稱作「持火炬的男孩」（link boy），他們會手持燃燒火炬照明路途，並充當護衛。[14]

直到一六六七年，在法王路易十四的統治下，情況才開始改變。他的皇家政府開始在巴黎街道裝設油燈，到一六七〇年時已裝了三千盞，到了一七三〇年時雙倍成長。十七世紀末，歐洲五十多個城市跟隨巴黎的做法。一八〇七年，倫敦帕摩爾街（Pall Mall）成為首個裝設以燃燒煤氣照明之路燈的街道。到了一八二三年，約有四萬盞路燈照亮近兩百英里長的倫敦街道。

公共照明讓城市生活起了革命性變化。照明良好的街道保護了夜晚行走在外的人，這些人曾是潛伏強盜下手的對象。史上首次在快速成長的都會城市裡，各個階級都能享受夜生活，徹夜進行社交活動。夜晚喧鬧尋歡的人有時會引起爭端，深夜的酒館也常爆發各種失序行為，再加上其他的種種原因，十九世紀上半葉，倫敦首次引入職業警察服務。漸漸地，睡覺時間變得更安全，更能受到保護。儘管現代存在各種睡眠困擾，但安全感有助睡眠——這就是為什麼睡眠研究員發現寵物貓和人工培育的馬受到房屋或圍欄保護後，其睡眠時間會變長的原因。[15]

對於減少睡眠有助於促進生產力的概念，我們該如何看待呢？很多領導人宣稱自己只需要少許睡眠，包括柴契爾夫人（Margaret Thatcher）、美國前總統柯林頓（Bill Clinton）和唐納・川普（Donald Trump）等人。再次引用記者亞利安娜・哈芬登所言：「不用睡覺這件事成為……力量的象徵，衡量男子氣概和最大效益的方式。」然而男子氣概並非全然是現代特色，因為世界上每一個文明（或是每個有留下文字紀錄的文明）都是父權社會：男人統治。大男人主義可以回溯至美索不達米亞文明。

一些歷史上最偉大的將領們因為睡得少而受到讚揚，例如亞歷山大大帝（Alexander）、漢尼拔（Hannibal）和拿破崙（Napoleon）。邱吉爾可能是最知名的短睡眠領導人，他信奉午睡，此後有些科學家認為這是人類內建晝夜節律的一部分。他建議：「你一定要在午餐和晚餐之間睡一下，要徹底實行。」，「脫掉衣物，上床睡覺。我總是這樣做。不要認為白天睡覺，工作會少做……你將會完成更多事情。你可以一天做兩天的事……當戰事爆發，我還是得在白天睡覺，這樣我才可以面對我的責任。」[16]這樣的習慣讓他可以深夜只睡四小時，但這對員工來說很痛苦。邱吉爾不只是睡在床上，也在床上作重大決策，與將軍和部長會面，以及策畫擊敗希特勒的計畫。

許多思考活躍的人也聲稱自己睡得很少。據說達文西（Leonardo da Vinci）創作《蒙娜麗莎》（*Mona Lisa*）期間每天只睡兩小時，分成每四個小時小睡十五分鐘，但這也許是杜撰的。富蘭克林（Benjamin Franklin）創造了令人掃興的諺語：「早睡早起，讓人健康、富有與長智慧」——可是他的日記顯示他實際上睡得不算少，通常從晚上十點到隔天早上五點。伏爾泰（Voltaire）每晚只睡四小時，這無疑是他一天喝四十杯咖啡的習慣造成。咖啡的飲用量在工業化時代巨量成長並非巧合。

大多數人睡眠不足時，會覺得很痛苦，睡得少的邱吉爾就以深陷憂鬱症困擾聞名。然而，有一群很罕見的人，每晚平均只睡約五小時，卻沒有任何副作用。這些被稱為天生短眠者的菁英群體通常積極樂觀。相比之下，過長睡眠與情緒低落有關聯。

湯瑪斯・愛迪生（Thomas Edison）在終結雙相睡眠這件事情上貢獻很大，他是歷史上知名的天生短眠者。據說他每晚只需四小時的睡眠，時常睡在辦公室的折疊床或是靠近工作檯的地板上。他對那些認為自己需要更多睡眠的人感到不以為然，八十歲時在《紐約時報》上寫道：「未來的人花在床上的時間將越來越少……在過去，人類的作息隨著太陽東昇西落……從今起一百萬年之後，人類將不需要睡覺。真的，睡眠很荒謬，是種壞習慣……世界上對人類效率造成最大威脅的就是睡太多。」[17]

在這個受到時鐘控制的時代，早起被吹捧為獲得名氣和財富的關鍵。當「年輕男子早起協會」（the Young Men's Early Rising Association）於一八五九年成立時，其成員認為他們的成功歸功於早起。他們的理念與「奇蹟的早晨」（Miracle Morning）相呼應，這是由精力充沛、同時身兼ＤＪ和作家的哈爾・埃爾羅德（Hal Elrod）發起的線上活動，他敦促支持者早上五點起床，以享有驚人的生產力。為了研究之故，我們都嘗試了這種方法：真的有用。我們從未如此高效——大概持續約一周。但是接下來我們變得疲憊，只想睡覺，因此錯失了夜晚狂歡。我們現在是湯姆・霍金森（Tom Hodgkinson）的信徒，他是《遊手好閒》（*The Idler*）雜誌的編輯，並寫了幾本談論遊手好閒的書。他的哲學是讚揚多睡一會兒，在床上待得越久，越能享受人生。

那麼，我們到底應該在床上睡多久呢？二〇〇二年，斯克里普斯睡眠中心（the Scripps Sleep Center）的丹尼爾・克里普克（Dan Kripke）為了確定最佳睡眠長度，進行一項涉及超過一百萬名北美人的龐大研究。他在報告裡說每日睡七小時（當時為美國人的平均值）的人死亡率最低。[18]到了二〇一七年，英國睡眠委員會（Sleep Council）發表的「英國睡眠報告」（Great British Bedtime Report）顯示百分之七十四的英國人睡眠時間少於七小時，百分之十二的人少於五小時，而有百分之三十的人表示「大多數夜晚睡不好」。

解決睡眠問題的方法非常難找，但我們希望每個人都能找到一種方式來回歸工業時代前的生活：為自己工作，保持自己的作息時間。發覺自己天生的睡眠模式為雙相睡眠者，就在晚上起來，做自己想做的事情——而非尋求安眠藥，或在時鐘的滴答聲中驚慌失措。畢竟，在床上還有很多可以做的事。

第三章　床上性行為

西元六十四年，羅馬皇帝尼祿（Nero）與第五任配偶結婚。尼祿扮演害羞的新娘，他的丈夫則是自由人畢達哥拉斯（Pythagoras），或可能是杜里佛拉斯（Doryphorus）——古代文獻說法不一。可以確定的是這是場可恥的婚禮。憤怒的塔西佗（Tacitus）寫道：「尼祿沉溺於一切合法或非法的放縱，不錯過任何一個能加劇他道德墮落的可惡行為，直到幾天後，他居然降低身分，以正規婚禮形式，與名為畢達哥拉斯的汙穢之人結婚。皇帝戴上了新娘面紗；人們在旁見證了婚禮、嫁妝、床和婚禮火把。」[1]

在羅馬時代，婚姻的功能是透過生育孩子以延續父系繼承，通常偏好男孩，因為他能夠繼續在軍中服役或管理海外領地。在希臘和羅馬社會中，顯赫家族的子女也是政治遊戲中的棋子。與配偶性交是預期中的責任，對女性來說，連續生育也是一項責任。丈夫和妻子的活力確保了世襲制的存在，整個帝國依靠在生育上。遭到尼祿驅逐，教導斯多葛哲學的莫索尼烏斯・魯弗斯（Musonius Rufus）認為人類擁有性器官和結婚的唯一理由就是生孩子——確保人類生存。[2]

自第一位智人在三十多萬年前出現後，人類的性行為大概沒什麼變化。儘管有個體差異，我們與舊石器時代的藝術家、古埃及法老和維多利亞時期的女士們有著一樣的性衝動。然而我們處理性衝動的方式從禁慾到放蕩不一而足。誰能與誰上床、理由為何與如何進行，都因社會脈絡不同而差異甚大。床見證了許多古怪動作。

躺平

第一章談及埃及宰相梅瑞如卡陵墓壁畫時，畫中他牽著妻子的手一同走向婚床。[3]結果當然是性交，但目的是為了生育。在一個疾病常常突如其來、沒有預警之下帶走統治者的時代裡，性交對於埃及法老與高級官員來說，是極為嚴肅的娛樂。統治者沒有繼承人，很容易產生危機。宮廷裡滿是謀略和反謀略，官員競相爭奪關注，對發生在皇家床上的事件深感興趣，因為那裡是法老履行繁衍繼承人這項職責之地。責任無所不在，緊緊跟隨著他，即便他與妻子交纏而眠時也是。埃及陵墓畫家只以最正式的方式描繪性交，這與埋在雄偉石棺裡尊貴、位高權重的亡者相匹配。我們已知唯一描繪一對夫妻進行性行為的象形圖像，在貝尼哈桑（Beni Hasan）的中王國時期墳墓，但早就因好奇的遊客不斷地觸摸而被抹去。然而，有許多非正式的性交圖像出現在塗鴉和被稱為《都靈情色草紙》（Turin Erotic Papyrus）的莎草紙卷中，內容似乎描述一間有著各種情趣用具的妓院，包括一台戰車造型的道具。

如同其他工業化時代前的文明（或至少是那些有文字紀錄並被破解的文明），埃及社會組織核心為男人。因財產與土地是由父傳子，父系傳承必須是穩固的。然而，女性擁有孕育孩子的能力，對現有秩序來說是種令人不安的威脅，因此，女性與其性行為需要被控制，婚床就是實現這種控制的重要工具。

對美索不達米亞上的蘇美人來說，婚姻是種商業交易。[4]在蘇美語中，表達愛的詞彙意思為「劃分土地」。將要結婚的夫妻必須簽一份合約，女方家族會支付嫁妝，男方家族支付聘禮。婚禮和婚宴結束之後，新娘與丈夫搬去公公家住。接下來是圓房，附帶著新娘是處女而且能夠生育的期望。如果以上任何一步遭到省略，或是執行不周，這樁婚姻可能會失效。

希臘人與羅馬人將男性與女性在婚床上的角色正式定型。中上階級的父親作為一家之主，謹慎小心地為女兒安排結婚對象，或安排適當的監護人。希臘史學家色諾芬（Xenophon）在其著作《經濟論》（*Economics*）中，讓挑剔又實際的依修馬荷斯（Ischomachus）對他十四歲的新娘說：「我們應該不難找到其他共組家庭的人，但我和你的父母在仔細考量誰是我們組成家庭與孕育孩子的最佳伴侶之後，我選擇了你，而你的父母顯然選擇了我，這似乎是他們認為的最佳選擇。」[5]

羅馬女孩的童貞只有三分之一是屬於自己，其餘三分之二屬於她的父母，而他們會將此加上相應的嫁妝，一同交給適當的女婿。羅馬妻子的責任相當繁重，並且從她踏進丈夫家門的那一刻開始。妻子被要求忠誠和性忠實，生產並養育孩子，擔起家事並紡織羊毛。一名女子若生養眾多且管理家庭有方，在社會上會受到極大的尊敬。「madrona」意指從一而終的妻子，其最終任務是生育孩子，而且最好是男孩，因為男子才能加入帝國軍隊或行政部門，進而確保家族世系的生存。西元前一世紀的詩人卡圖盧斯（Catullus）在一首婚禮詩中寫到，新婚之夜應該孕育足以防衛邊界的士兵。

在羅馬帝王奧古斯都（Emperor Augustus）時期的女性，法律地位與孩童和奴隸相當。女性須從於父親、兄弟和丈夫。性交與生育是妻子的責任。她們當中有多少人樂在其中是個謎。性是羅馬宗教的核心，因此也是國家的核心。政治家西塞羅（Cicero）提及所有生物都有繁衍後代的直覺，因此丈夫與妻子的結合就像是「公民政府的基礎，國家的苗圃」。[6] 雖然女兒和兒子都受到「父權」的控制，即一家之主的父親能支配的權力，但早期羅馬帝國確實有一些受過教育、「被解放」的女性有能力而且確實產生影響力，縱使這些女性無法投票和擔任政務官。西塞羅剛與身為社會運動者的妻子特倫提亞（Terentia）離婚時，被問到是否會再婚，他回答說他無法同時應付哲學和妻子。但他很快就改變心意了，因為他必須償付特倫提亞帶來的嫁妝，而償付的唯一方式就是再娶另一位女子。

如同大多數富有家庭裡的已婚夫妻一般，西塞羅和他的妻子可能共享一間臥室。臥室通常為正方形，坐落於一樓或二樓，面向開放庭院。窗戶通常很小，不見得是為了隱私之故，而是因為羅馬建築技術一般很簡單，窗戶時常用橫石，或小型磚拱建成。臥室裡主要的家具為床，這是家裡唯一相對有隔間的房間，用以睡覺或性交。品質良好的床大都由木頭製成，附加金屬裝飾的床會比較昂貴。一般來說，羅馬的床結構很輕巧，所以很少留存到現代，我們主要是透過赫庫蘭尼姆古城（Herculaneum）和龐貝城（Pompeii）的簷壁飾帶（friezes）或他處的浮雕（reliefs）才能瞭解羅馬床的樣貌。羅馬床為有床腳的長方箱形床，其中一面是開放的，方便進出。有些床的兩端會傾斜，用來支撐枕頭。床可能是件簡單的家具，但在富裕家庭裡的床會有非常多裝飾。羅馬床源自設計幾乎相同的古典希臘床與躺椅。

在中世紀歐洲，女性的地位差異很大。像阿奎丹的埃莉諾（Eleanor of Aquitaine, 1122–1204）這樣的女性是非常富有且深具影響力，還有一些成為有權勢的女修道院院長與宗教社群的管理人員。然而，儘管有許多微妙之處，但在富裕的家庭關係裡，丈夫一般實際掌握權力，控制婚姻。在都鐸時期的英國，女孩為父親的財產，婚後則成為丈夫的財產。當威廉・諾普爵士（Sir William Roper）某日早晨拜訪政治家湯瑪斯・摩爾爵士（Sir Thomas More），要從他的女兒中選一人為妻時，摩爾帶著諾普進入臥室，他的兩個女兒正在低矮輪床上睡覺。摩爾拉開被單。女孩們躺著，罩衫拉到腋下高度。當女孩們慢慢翻身趴著，威廉爵士說：「我兩邊都看過了」，然後拍拍其中一名女子的臀部，宣布就是她了。兩個女孩的想法是如何則沒被記錄下來。[7]

在摩爾爵士的時代，貴族新婚夫妻的「床上儀式」對宮廷來說是種公開場合。媒妁婚姻通常帶有重要的外交後果，圓房代表一種牢不可破的聯盟。婚宴後，新娘由仕女們協助脫衣，然後躺在床上。新郎則穿著睡衣進房，一旁跟著隨從，有時還有樂師和為結合祝福的神父，接著放下床簾。有時見證者會等到新人赤裸雙腿交纏時才會離去。旁觀者常常逗留更久，等到聽到性事進行的聲音才離去。隔日早晨，弄髒的床單會被展示，當作圓房的證據。

新娘被期望是處女，但不一定所有都是。產生令人信服的流血的方法很多，包括用一小塊沾滿血的海綿小心地抹在陰道周圍。更近代，如十九世紀美國與歐洲的妓女為了賺取更多金錢，會聲稱自己是處女（沒有性病），據稱她們會用碎玻璃片，甚至吸血水蛭讓床單染上血漬。

根據當時的看法，最佳伴侶一般年齡、地位和財富相近。第二段婚姻通常會出現年紀差異甚大的夫妻。一五一四年，五十二歲的法王路易十二娶了英王亨利八世的十八歲妹妹瑪麗，然後三個月後就過世了，顯然是因為努力床事而過度疲勞。王室夫妻可能很少是激情熱戀的，因為相較於性吸引或浪漫戀愛，延續王朝是更為重要的考量。貴族和皇室的婚事很早就進行規劃：英國亞瑟王子（Prince Arthur of England）兩歲時與當時三歲的亞拉岡的凱薩琳（Katherine of Aragon）訂婚。在十七世紀英國，「bed」一字與婚姻的概念緊密相連，因此成為婚姻法律定義的一部份。「bed」也被當作婚姻狀態的簡略用語。如果有一方出軌了，就會被說「弄髒了伴侶的床」（defile the other's bed），受到傷害的一方能「將出軌者踢下床」（kick them out of bed）。

傳統中國婚姻通常進行過程極為正式，幾乎像不動產交易。中間人安排財務與社交細節，然後直到所有協議都完成了，新郎才前去拜訪新娘的父母。新郎拜訪後，新娘隨即與他回家，並於同天舉辦婚宴，當晚新人在「神祕房間」，即新房圓房。新娘應該要是處女，隔日必須以染血的床單證明。許多新郎會送新婚妻子內容展示不同性交姿勢的春宮圖。一旦結婚了，許多女性除了用餐和睡覺時間，很少見到丈夫。8

在富裕家庭裡，床簾對於妻子具有重要象徵意義，它代表她們與丈夫一生的聯結。富裕家庭會購買繡有神仙圖案的昂貴絲綢床簾。這些床簾創造了房中床，阻擋蟲子與冷風進入，同時也在數人同睡的大房間裡提供某種程度的隱私。西元前第三世紀的文獻《女史箴圖》描繪了一張天篷床，由四隻床腳支撐的臺子與直立柱子支撐輕質布料所組成。

中國朝臣就像埃及法老的官員，用嚴謹曆法管理皇帝的性生活。皇宮妃子們為了爭取皇帝的寵愛激烈地相互競爭是常事，但她們接近皇帝的機會是控制在一群太監手上。一旦皇帝選定當晚侍寢的妃子，該名妃子會裸身裹在金色毯子裡，被送入皇帝寢宮並放在龍床旁。妃子得從床尾爬入被子裡，小心翼翼地慢慢往上，直到與皇帝平視為止。中國皇帝據說都是性愛高手：顯然他們常常一個晚上與多達九名女子性交，並藉著細膩前戲讓每位女子都達到高潮，但自己卻絕不射精，這需要極大的自制力。這樣的說法有多少是幻想仍不清楚，不論寵妃們真實的生理反應為何，她們知道自己的角色是來取悅皇帝，都會聲稱自己獲得極樂歡愉。與這麼多位「高潮」女子性交對皇帝的健康是非常好的事情：據說陰道分泌物能增強男性精氣（陽氣）。

除了讓嬪妃獲得歡愉，皇帝在滿月時必須與皇后共度良宵。欽天監官員與太醫會告訴皇帝哪個時辰射精才能生出皇子。此形式化性交出現的場面令人印象深刻。黃帝，身為中國文明神祕的創建人，據說能透過與千名處女性交而獲得長生不老。另一位皇帝隋煬帝，擁有三千名宮女，他有時會與她們性交，還有超過七十七名嬪妃。據聞隋煬帝偏好年輕處女。他不會帶她們到床上性交，而是放在能分開手腳的御女車上，將女子擺到正確的姿勢以「取悅皇上」。男性對缺乏經驗但具生育力的年輕處女的熱衷一再再出現在父權社會裡，可以理解的理由是男人想要確保有子嗣。然而，如果認同熟能生巧，那麼處女不一定等同床第之歡。

維多利亞時期的英國，表面上是端莊保守的模範，實際上卻深受數百年來的成見與禁忌影響。性是禁忌的話題，純粹是為了生育孩子而進行，並嚴格限制在隱密的寢室裡。女性應該要貞潔，終極的基督教典範是複製聖母瑪利亞。如果被發現為了愉悅而通姦，將嚴重損害名聲。逾越界限的懲罰是嚴酷且公開的，「私生子」是實實在在的恥辱。清教徒教誨在英國各地與大部分的歐洲社會裡有著深遠影響。

自慰在維多利亞時期是被禁止的行為，甚至出現相關的殘酷裝置，例如陰莖環（penis ring），上面的尖牙會讓做春夢的人痛醒。在亨利八世統治時期，不論是同性或異性，肛交行為都被歸列為「違反人類與神的意志」，會被處以死刑。到了維多利亞時期，男同性戀被視為是種疾病，女同性戀則被認為是不可能存在的。當時完全沒有性教育。維多利亞時期的虛擬人物格蘭迪太太（Mrs. Grundy）讓臥室成為繁衍後代之處，強化了盡可能不要有愉悅感的傳統態度。[9]

然而，儘管大規模文明存在著父權體制，但在其他文化裡，有些是女性掌權，或者至少在性的層面上與男性平等。一世紀前，布朗尼斯勞·馬凌諾斯基研究初布蘭群島島民（Trobriand Islander）的性生活，這是他具開創性的人類學研究的一部分。與美國霍皮族（Hopi）易洛魁族（Iroquois）一樣是母系社會，初布蘭群島島民將孩子與財富留在母系家族之中。[10] 女性被鼓勵在追求或拒絕情人時要表現出自信與主導。這裡沒有正式的婚禮儀式，而是以年輕情侶同睡在一張床上取代。如果情侶想結婚，女方會接受男方送的禮物——通常是番薯。然後女方父母會接受這樁婚事。

離婚很容易，而且是雙方合意的決定。倘若離婚後，男方想與女方重修舊好，他得用更多的番薯和送更多禮物追求女方，然而最後的決定權在女方手上。這裡的人相信孩子是魔法帶來的，具體來說，就是祖靈進入女性的身體。孩子出生後，母親的兄弟會送上豐收的番薯，代表孩子會由母方家庭的食物養育。大概從七或八歲開始，男孩和女孩會一起進行性探索遊戲，作為與同齡朋友瞭解生活的一種方式。實際的性行為約發生在四、五年後。大多數村落有一個稱為「布庫瑪圖拉」（bukumatula）的特別小屋，裡面有床（沒有特別描述）給想進行婚外性行為的人。此地並非自由性愛國度。馬凌諾斯基謹慎描述婚外性行為的規範，包括像是觀看他人性愛活動會被認為是沒禮貌的行為。

神聖與世俗

早期美索不達米亞文學的經典《基爾迦曼史詩》（*The Epic of Gilgamesh*）描述性是世間人類的極樂活動之一。恩利爾（Enlil）為生育與智慧之神，娶了寧利爾

（Ninlil）女神，他們的初夜非常銷魂：「在臥室裡，在鋪滿花瓣的床上（香氣）如同雪松林般宜人，生育與智慧之神恩利爾與他的妻子交媾，感到極大的歡愉。」[11]即便婚事一般由家族安排，但居住在美索不達米亞的人重視浪漫愛情，留下許多歌謠，講述人們陷入熱戀的故事。其中一首情詩的標題是：「睡覺去吧！我想將我的愛人擁入懷中。」

居住在美索不達米亞的人顯然很享受性愛，而且不只在床上。西元前兩千年早期大量生產的蘇美陶製牌匾有非常清楚的展示。其中一幅描繪一名女子吸吮插在啤酒罐裡的吸管，同時有名男子一邊從她身後抽插她，一邊大口喝啤酒。這象徵著這對男女正相互為彼此口交。肛交當時很盛行，可能是因為肛交是種常見避孕的方式。還有牌匾展示情侶們站著以傳教士體位性交。研究者認為，這些牌匾是大眾文化的一部份，男女老幼都能看到。

雖然埃及宮廷保持莊嚴肅穆，一般埃及百姓卻有許多與性交相關用語，包括委婉的「與某人共眠」，激情的「與某人玩得痛快」，以及用來咒罵的「願驢子侵犯他」等等。當時的人對於展示象徵生育的勃起陰莖，不會像現代人那般感到拘謹不安。十九世紀考古學家挖掘尼羅河三角洲港口城市納烏克拉提斯（Naukratis）時，震驚地發現數百個情色人偶，其中許多有著巨大陰莖。這些人偶被認為不適合展出，被藏在博物館的庫房裡。被發掘的文物中，有一尊由石灰岩製成的荷魯斯孩童小雕像，此雕像的陰莖非常巨大，像把巨型遮陽傘遮蔽了雕像的頭。類納烏克拉提斯雕像的文物陸續從其他晚期時代（西元前六六四至三三二年）的埃及城鎮裡出土，特別在尼羅河三角洲區域。這些文物必定是用於豐收儀式，像是慶祝尼羅河泛濫的「醉酒節」（festival of drunkenness）。

羅馬文獻裡也有很多內容提及床笫之樂。像是著名的愛神丘比特與靈魂女神賽姬的神話故事，講述賽姬對床事與夜晚的喜愛，以及她害怕白日到來。她與丘比特訂婚，卻不准看他的臉。賽姬為了新婚之夜精心打扮，在罩著精美布料的床上等待著新郎。此後每晚，她都與丈夫共享魚水之歡。她發誓絕不會在白日裡看丈夫的臉。可是某日早晨，她受不了誘惑偷看了，丘比特因此離開，再也不回來。即便是受到父母安排的婚事，有時也能在墓碑文字裡讀到忠貞情感。屠夫盧希爾西・奧瑞里爾斯・赫米亞（Lucius Aurelius Hermia）與妻子奧瑞里亞・菲雷馬堤恩（Aurelia Philematium）是西元前一世紀住在羅馬的希臘裔自由奴隸。兩人相遇時女方七歲，自此相伴三十三年。他們的墓碑浮雕意外地留存下來，現存於大英博物館。他寫道：「早我逝世的伴侶擁有純潔的身體與充滿愛的靈。她是我的唯一。」而她是這麼說他：「啊，我失去的他，對我來說，真真切切不只是一名父親。」[12]

中國人對於在臥室裡的性交，表現出非常明確，幾乎是教條式的態度。中國房中術書籍羅列了各種具體期待與指導。西元第四世紀的道家哲學家葛洪寫道：「男子御女越多，由此獲益越多」。[13]道家的「天道自然」主宰中國思想與社會超過兩千年。道家思想的基礎哲學，在於長壽與幸福源自於人類如何學會與自然完美和諧地共生。人得要追求和諧交互作用的陰陽，陰為被動力，而陽為主動力。當陰陽兩結合，就能推動人的氣往道的方向。當人偏離自然之道時，鍛鍊身體能使之重回到正道。我們從皇帝的例子中可知最重要的方式之一為性交，因為性交時陰陽產生必要交流。陰精即是女性性器官分泌的潤滑液體，陽精則是男性的精液。因此，性交為達到天堂的方式之一。大批房中術書籍教育讀者如何達到理想的陰陽平衡，在這過程中，女性的愉悅與男性同等重要。

中國房中術手冊通常分成六部分。引文介紹宇宙觀議題與性交的重要性之後，接著談到前戲、然後是性交姿勢與技巧。道家思想認為「男子生為俯臥，女子仰臥」，但房中術通常提供其他種方式。接下來的章節談及性交的治療價值、如何選擇對的女性以及女性在懷孕時的得體行為舉止。內容皆圍繞陰陽和諧的主題。女性的陰精無窮，男性陽精卻有限。理想上來說，男性跟皇帝一樣需要盡可能延長性交時間。題為《玉房秘訣》書籍說身體強健的十五歲男子可以一天射精兩次。身體強健的七十歲男子只能一個月射精一次。

就行為本身而言，只要有平坦的表面，就能進行性行為。中國的床一開始是人們用來坐臥與睡覺的蓆。西元二〇〇年左右，隨著佛教傳入中國，佛陀端坐於高臺的形象使得睡覺用的臺子開始普及，並且很快地成為貴客與高官的坐椅，床也變得更為精緻。內塞填充物的靠墊提升了舒適度，也讓更有創意的性交姿勢出現。由於中國冬季非常寒冷，睡覺者也很重視溫暖的床。在史前時代，人們時常在泥地上燃起火堆，然後將餘燼掃除後在溫暖的地面上鋪上睡墊。到了西元前一〇〇〇年，許多房子裡會有一種被稱為「炕」的甕起臺子，下方建有爐灶。女性白天大多數的時間都待在炕上，並在那裡進行各種活動，包括性交。

印度教徒也認為性交是一種宗教責任，是改變個人業力（karma），讓靈魂能轉世到更高階層的一種享樂方式。《愛經》（*Karmasutra*）於西元前六〇〇年問世，當時商人階級的地位與財富，和對社會地位的認知皆增長的情況下，使得他們尋求如何在宗教與社交圈裡舉止得體。業力是種以自我為中心的個人追求，時常具嚴苛現實性。同時，這本最知名的性愛手冊的出現，讓印度教徒認知到性愛遠不只是調情和性交技術而已。[14]

《愛經》的作者不僅看重性愛技巧，也關心熱戀情侶間錯綜複雜的情感。與中國房中術書籍不同，愛經作者指出有四種愛情：單純的性愛；迷戀像是親吻或口交等不同形式性交之愛；有著強烈、兩人發自內心相互吸引的愛；以及一方愛慕另一方美貌的單方面的愛。愛與性在不同層次。中國房中術書籍關心的是在床上發生了什麼，而不是如何到達床上，或如何以非性愛的方式取悅丈夫，這部分是《愛經》裡女性行為舉止的基礎面向。《愛經》指出七種交往方式，內容從戀人間的性愛到貴族誘惑僕人。書裡將陰莖依尺寸分類，最知名的內容為各種體位的羅列。今日你甚至可以下載這本書的應用程式到手機裡，像練習本一樣展開練習。不過，《愛經》相當重視歡愉與細心的準備過程。「在以花朵裝飾，充滿香水香味的歡愉室裡，有他的朋友和僕人相伴」，男子接待女子，並與她展開愉悅談話，直到其他人都離去了，兩人才開始進行主要活動。

《愛經》是給情人的運動手冊。其中許多體位只有最富青春活力、最靈巧的伴侶才做得到，而且大多還需要舒適的平臺，策略性使用靠枕和枕頭以調整女性身體達到最佳插入角度和得到滿足。《愛經》的教導以及其他性愛手冊廣泛流傳。十六世紀阿拉伯著作《芳香園》（*The Perfumed Garden for the Soul's Recreation*）的作者謝克・內夫扎維（Sheikh Nefzawi）嚴肅地嘗試了所有標準的性愛姿勢，最後只試了十一種。他顯然有充分理由說：印度人「在性交知識與探索上，遠超越我們」。

希臘人以同性性交聞名。在大多數花瓶瓶身圖畫裡，情侶並非在床上，而是站著，其中一人的陰莖在另一人的大腿間。花瓶畫裡也有一些肛交畫作。在大多數情況下，同性性交會發生在一名年長男子與一名年輕人之間。年長者一般是主動挑逗者，通常會以彎腰低頭的姿勢站著，好似畏縮請求的樣貌；年輕人通常直立站著，有時看似在拒絕年長者。

少年愛（Pederasty）是成年男子對男孩之愛，男孩通常已過青春期但還未成年。古典希臘時期，很少有成年男人與另一名成年男子發生性關係，不論是在床上還是其他地方。雖然與未成年男孩性交是非法的，但人們還是偏好男孩。斯特頓（Straton）寫道：「稚氣未脫的十二歲男孩非常性感，但更能勾起慾望的是十三歲男孩；十四歲男孩則是更甜美的愛情之花，比之更具魅力的是十五歲少年；十六歲是天賜般完美的年紀。」[15]這樣的說法呼應了傳統看法，認為少年愛是高等教育的一部分。蘇格拉底說少年愛能夠培養完美道德。古典希臘男子對其他男人的愛有部分可能來自對女性的低評價。據說心胸寬大的蘇格拉底曾說：「女性一點也不輸男性，她們只需要更多的體力和精神。」[16]希臘人也認可女同性戀。希臘人對同性戀看重的程度，讓普魯塔克（Plutarch）寫道：「斯巴達之愛受到如此崇高的尊重，即使是最受尊敬的女子都會迷戀女孩」。[17]床是希臘性愛的背景，但絕非必要場景。

在羅馬時期，不只男人會與其他男人或交際花發生關係，已婚女子也會與其他男子偷情。在帝國早期時期，羅馬皇帝奧古斯都推行懲罰婚外情，因此婚外情進入公領域的討論，在此之前婚外情被認為是家庭問題。但這有個漏洞：找娼妓並不犯法。結果，元老院驚訝地發現註冊娼妓的申請突然增加，其中很多是貴族女子。人們進行性行為的次數誰也說不準，但西元八年住在巴勒斯坦的拉比以利以謝（Rabbi Eleizer）在《妥拉》（the Torah）裡寫下一則評論，為不同類別的男子規定適當的性行為次數。學生和失業的人可以每日性交；有工作的人每周兩次；騎驢子的人每周一次；騎駱駝的人每月一次；水手則每六個月一次。

在中世紀歐洲，平民會睡在公共空間，通常在地上，但這並不一定會影響性交的樂趣與頻率。因為教會負責制定與個人道德相關的法律，所以透過宗教法庭的紀錄，我們得以一窺中世紀的性生活世界。許多案例涉及人們在馬廄裡進行性行為，畢竟這通常是男僕睡覺之處。很多性行為發生在戶外，也許在有長草之地，或能提供些許舒適感的地方。只有家境優渥的人可以擁有高腳床。西元八世紀神話英雄貝奧武夫（Beowulf）前去丹麥國王赫羅斯加（Hrothgar）的「偉大宮殿」時，他脫去頭盔並放下武器，然後爬上大床，在他的戰士們的圍繞下熟睡，「枕頭托著大人的臉」。中世紀畫家在描繪睡覺的人時，幾乎都採露出臉或上半身的半坐睡姿。這讓畫家得以展示畫作主角的面容，同時也反映了當時的睡眠習慣。

在歐洲，教會是股強大勢力，中世紀文學中充滿各種關於情慾的描述，包括好色神職人員引誘在告解室的女子、修士和修女在修道院小房間裡的硬床上和其他地方偷情，以及貴族養情婦並且引誘年輕女子。一份根據東英格蘭教會紀錄，下了好笑標題「性感修女與好色修士」（Naughty Nuns and Promiscuous Monks）的研究，提出了以下結論：這樣的行為大都涉及外人，而且不當性行為的起落為人性的典型，並無不尋常之處。[18]

都鐸時期的英國對性有相反的看法，強調女性愉悅為讓受孕發生的必要條件，卻宣揚女性不該顯露愉悅感。女性唯一被允許的性交姿勢是平躺，因為據信其他姿勢會有生育畸形兒的風險。在文明社會裡，很棒的性體驗往往來自於付錢交易，或者在婚姻之外才能享受到。

性交易

羅馬男子不只與妻子性交，只要得到妻子默許，也會與情婦和男孩發生關係。可是，偷情被抓到的妻子卻會被打入墮落女性之列，這包括女演員、女舞者、娼妓和那些被禁止嫁給羅馬自由公民的女子。偷情男子不會受到任何懲罰，但丈夫能殺掉偷情的妻子，不會受到罰責。男人可以有婚外情，但女性不行的觀點延續了好幾個世紀。英國女性直到一九二三年才贏得可以與婚外情的丈夫離婚的權力。

買春在希臘與羅馬是歷史悠久的產業。逛一圈龐貝城惡名昭彰的妓院，你很快就能明白，如同羅馬帝國各地的妓院，性交易是一條生產線。[19] 妓院壁畫產生了大量（而且大部分非常無聊）學術文獻：「我幹了很多女生」；「索勒尼斯，你很會幹」。這些死了很久的男人的誇耀之言，永遠刻在龐貝知名妓院盧帕納爾（Lupanare，意思是「狼窩」）的牆上。妓院牆上淫穢的壁畫描繪女子跨坐在男人身上、趴著或群交，客人玩得很開心。

享樂主義的幻想很吸引人，但實際上這些活動是發生在一個刻意設計成防止男子逗留的極度實用環境中。龐貝的妓院是一個為客人帶來性滿足的可怕工廠。妓女在擁擠、骯髒且沒有窗戶的二樓房間內進行性交易，每間房間都用簾子與前廳隔絕。頂著牆的硬石床上鋪著填充稻草或麥稈的薄床墊。在那裡工作的女性大都是亞裔或希臘裔奴隸，她們的服務能夠以現金、兩條麵包或半公升的紅酒購得——當然是付給妓院老闆。對身為妓院主要客群的中產與工人階級龐貝人來說，去一趟妓院獲得的情色愉悅感，等同現代人去一趟速食店能得到的滿足感。用可悲的效率滿足性需求。

羅馬妓院裡男妓與女妓都是合法的，妓院一周七天，每天二十四小時營業。羅馬帝國一度有超過四十五間妓院。西塞羅曾評論男子買春對國家有益。買春費用很低廉，因此每位羅馬人都能夠買春。買春是平民生活的一部分，就像是觀看格鬥士表演、玩遊戲和去公共澡堂。妓院的床只是石頭臺子，反正性行為時間很短。一些被稱為「夜燈」（noctilucae）的廉價旅館、酒館和旅店，會在店鋪後面設置小房間，配有石床和稻草床墊。

中國通常是一夫多妻制，妾室是每個富裕家庭的一部分。擁有多名配偶的富人被

龐貝妓院盧帕納爾的情色壁畫。

圖片來源：VPC Travel Photo/Alamy Stock Photo.

勸諫要理性行事，避免引起女人間的紛亂。一名十五世紀佚名男子告誡兒子，必須將注意力放在已入門的女人，而非新入門者。他說，與其他配偶在象牙白躺椅上享魚水之歡時，新人應該認真地站在一旁。四到五個晚上之後，才可以與新人交歡，但其他女子必須在場。

在中世紀歐洲，婚外情是上流社會的一部分，前提是遵守不成文規定。顯然，中世紀仕女和勇敢的騎士一樣積極，甚至更積極，儘管我們是從男性的回憶錄中得知這一點，他們堅稱女性性慾過強，需要被控制。一位十九世紀歷史學家在書裡提及蘭斯洛特（Sir Launcelot du Lac）與關妮薇王后（Queen Guinevere）時，就抱持著不贊同的態度，認為他們的行為「極度淫蕩，那些沒讀過中世紀生活有趣紀錄的人，是無法理解的」。[20]

維多利亞時期的英國，男妓院和女妓院在道貌岸然的掩飾之下蓬勃發展。白人人口販子走私女性和孩童。有些維多利亞時期男子經常光顧提供施虐與受虐狂幻想的高級鞭打院，這樣的活動是以薩德侯爵（Marquis de Sade）和利奧波德・馮・薩克—馬索克（Leopold von Sacher-Masoch）的姓氏命名。這些強大又隱晦的娛樂，只有維多利亞時期的富人與有對的人際關係的人才能進行。提供娛樂者偶爾會變得惡名遠播。

只要有大量權力不均之處，就會發生暴力事件。生在薩德侯爵時代的孩童常常受到嚴苛對待：「該打就打」是典型的清教徒觀點。照顧年幼孩童的保母常會拿著鞭子，就像學校老師一樣。在維多利亞時期，許多就讀伊頓公學、西敏公學、拉格比公學，或其他英國一流男孩寄宿學校的上流階級男孩曾遭遇性暴力。[21] 特雷莎・柏克莉夫人（Madame Theresa Berkely）注意到這些施虐和受虐行為模式，因而在一八二〇和一八三〇年代早期，於倫敦哈勒姆街（Hallam Street）經營一家設備齊全的愉悅屋。她是施虐女王，精通造成疼痛之術，善於懲罰和鞭打。她所設計的柏克莉馬（Berkely Horse）是一個傾斜的板子，專用於鞭打，讓她賺進大筆財富。她在施虐方面的才華吸引眾多貴族男女前來，他們深知柏克莉能讓他們在享受疼痛的同時保有隱私。她也雇用能接受被顧客鞭打的女性。柏克莉的工具包括浸泡在水裡的鞭苔，使其變得柔軟，甚至還有傳聞能讓「死者復生」的綠蕁麻。除了柏克莉夫人，在倫敦漢普斯特（Hampstead）經營高級妓院的梅・法蘭西斯・傑佛瑞斯（May Frances

Jeffries），也開了一間「鞭打屋」，客戶包括最高級的貴族。

性玩具創意無限，樸實的床通常充當性行為與性幻想的舞臺。然而，儘管在受孕過程中起到作用，但床直到近代才成為生產之處。

第四章　請找助產婦

體驗性行為九個月之後，有些女性發現自己面臨到另一個更大的問題：生產。在現代西方世界裡，大多數女性躺在塑膠與金屬框架，其上放著ＰＵ泡棉床墊的醫院病床上生產，有時裝上監視器，注射著止痛劑。這科技顯然相當現代，但床於此扮演的角色也出乎意料地新穎。

西元前的生產

距今兩萬年前，生活在義大利奧斯圖尼（Ostuni）的一群獵人採集者做了一項其他獵人採集者從未做過的事情：他們把死者葬在墓地裡。埋葬的死者中，有一位大約是十八、十九歲或更年長的女子。她的手腕戴滿手環，雖然現在只剩下數百個穿孔的貝殼，頭上則以許多珠子裝飾。她左側躺，右手擺在胃部之上。當考古學家移開遺骸骨盆部分的泥土後，發現幾乎是完整的纖細胎兒骨頭困在女子兩腿之間。埋葬這名女子的人必定試著幫助當時正在經歷地獄般生產過程的她。因為救不回來，只能將她像在休息般地置於地底，然後用豐富多彩的裝飾品覆蓋在她身上。[1]

約在兩萬年後，我們知道了這樣的悲劇源自於夏娃偷吃了水果。亞伯拉罕宗教裡的上帝說：「我必定增多你生產的疼痛；你必在疼痛中生兒女。」[2]事實上，看來演化用女性疼痛與一些卡住的嬰兒換取全人類的利益。當我們的祖先約在六百萬年前用雙腳站立，同時女性的產道也變窄。除了以上的變上，我們的大腦頭骨尺寸逐漸增大，因此現代人中約有千分之一的嬰兒有著無法通過產道的大頭。然而，我們將這些棘手的面向——我們的大頭和靈巧雙手，由於直立行走而更加自由——用以支持生產。與大多數的動物不同的是，幾乎每位生產中的女性都需要幫助。有時這樣的協助能轉變為一項很大的產業。

在大部分的人類歷史中，床並不是生產的地方，而是生產後恢復休息之處。最早描繪生產的是一尊陶製的胖女人雕像，作用可能是生育護身符，年代約可追溯至西元前五八〇〇年，發現處位於現今土耳其的一個早期農業城鎮加泰土丘（Çatalhöyük）的一個穀物容器裡。被稱為加泰土丘女性坐像（Seated Woman of Çatalhöyük）的雕塑約有十六．五公分高（雕像頭不見了），坐在有貓頭扶手的王位上，看起來正在生產。這裡沒有床，只有椅子。[3]生產用椅，特別是低矮凳子，也出現在西元前一千多年的美索不達米亞。文字紀錄告訴我們，女性在生產後才會到床上，獨自一人休息三十天。富人會躺在抬高離地的木造床上，上頭鋪著編織床墊，也許還有亞麻床單、羊毛毯子和鼓起的靠墊。中等階層的產婦可能躺在放有成綑蘆葦的泥磚平臺上，最上方墊著編織的蘆葦墊。窮人則只能躺在蘆葦墊上休息。

與外界隔絕的臥床期是絕佳的點子，因為這有助於降低因他人引起的產後感染。根據世界衛生組織的資料，現代五歲以下的孩童死亡案例中，約有百分之四十一發生在出生後的頭二十八天，其中有百分之七十五在出生後第一周去世。[4]然而，當時居住在美索不達米亞的人並不知道細菌理論，他們提出隔離母親是因為女性不潔。不是訪客不潔，而是產婦被生產與血液汙染而處於不潔狀態，只有透過隔離和儀式，才能再次變得潔淨。

在古埃及，床在產後淨化、休息與恢復中扮演類似角色。只有在一份西元前第七世紀名為《布魯克林莎草紙卷》（Papyrus Brooklyn, 47.218.2）的文獻，描繪了一名女性躺著生產的情境——可能在床上或蘆葦墊上（文獻並未說明）。在所有其他的例子中，生產的女性站著、跪著、或是蹲著，並使用「生產磚」或凳子。甚至代表生產的象形文字圖案是一名蹲著的女子，孩子的頭與雙臂從她的身體冒出來。一份來自德爾麥地那工人村落的文獻支持以上說法。文獻描述正在生產的女性蹲在地上的模樣，一位助產婦握住產婦高舉的雙臂，另一名助產婦接住或拉出子宮裡的孩子。我們可以在上埃及伊斯納（Esna）神廟浮雕上看到以上描述的畫面：赤裸的王后克麗奧佩脫拉七世（Cleopatra VII, 69–30 BC）跪在地上，一位助產婦從她身後扶著她高舉的雙手，第二位助產婦跪在她面前，承接皇后尊貴且身型巨大的嬰兒。這樣的形象至少可以追溯至西元前十五世紀，女王哈特謝普蘇特（Hatshepsut）的母親，即圖特摩斯一世的妻子雅赫摩斯王后（Queen Ahmes），也被描繪成這樣。

雖然女性不一定會將床作為生產平臺，仍有些女性可能會躲到床上生產：前面提到的《布魯克林莎草紙卷》就有兩則保護寢室的咒語。其他女性可能會爬到屋頂或進入屋後某種臨時遮蔽處生產——有些文獻就描繪女子在覆蓋藤蔓的分娩亭裡生產的場景。最重要的是，女性可能想要的是獨處，而這在狹小的都會住宅裡並不容易實現。

如同性交、睡覺和製作木乃伊，古埃及人同樣沒有記錄生產細節。也許生產不夠有趣，抑或是可能處理生產的資訊都是由（不識字的女性）助產婦代代口傳。《威斯卡莎草紙卷》（Westcar Papyrus）是少數描繪生產的文獻之一，這是在一八二〇年代由英國探險家亨利・威斯卡（Henry Westcar）在「神祕情況下」發現。此文獻由一名佚名抄寫員在西元前十八世紀到十六世紀之間寫成，裡面有五則故事，最後以一名神祕女子瑞德潔狄特（Reddjedet）的生產場景作為結尾。[5]

文獻以不祥的口吻開始：「瑞德潔狄特感到一陣劇痛，她遭遇難產。」於是她身為埃及太陽神高級祭司的丈夫向愛希斯（Isis）、梅斯赫奈特（Meskhenet）、塞赫麥特（Hekhnet）、奈芙蒂斯（Nephthys）與庫努牡（Khnum）等神祇祈求協助。女神們化身為舞女的模樣前來，與瑞德潔狄特一同關在房間。瑞德潔狄特產下三胞胎男孩，出生時滑入助產婦愛希斯女神的雙臂。身為新王朝的未來國王們，瑞德潔狄特的嬰孩一出生就神奇地有著金黃色的四肢，這個膚色是神的膚色，而且穿戴著青金石頭飾，此為神祇頭髮的顏色。生完之後，記錄員告訴我們王后在女僕等人的幫助之下被隔離，但她的女僕不知為何最後被鱷魚吃掉了。雖然瑞德潔狄特的生產故事揭露有關生產與產後儀式的重要資訊，但她的生產過程並沒有明確提到床。這可能是因為在地墊上生產比較常見和方便。

當生產開始，助產婦會反覆唸誦祈禱文、燃燒樹脂並提供啤酒。酒精能減緩劇痛，同時也幫助產婦更親近守護女神哈索爾（Hathor），亦稱醉酒之女（Lady of Drunkenness）。助產婦有時會使用河馬牙齒製成的棍子，其上刻有守護符號，這種棍子通常邊緣磨損嚴重，暗示某種早已被遺忘的儀式。[6]孩子出生之後，助產婦會用硬蘆葦或特別的魚形黑曜石刀子切斷臍帶。由於胎盤被認為代表人的生命力，因此會被保留、風乾，然後埋起來，有時埋在門口，這種儀式仍可在二十世紀初期埃及的部分區域見到。

醫藥與魔法總是緊緊相連。在古老婦科文獻之中，關於處理子宮脫垂的建議出現在阻止流產的咒語旁。如同居住在美索不達米亞的人，埃及婦女在產後也會隔離，但只隔離不到兩個禮拜。從西元前一八〇〇年起，床的枕頭上會裝飾著分娩守護神阿哈（Aha）／貝斯（Bes）和伊皮（Ipy）／塔沃里特（Taweret）的圖像，這些神祇據說會守護女性身體。從西元前一四五〇年起，約在圖坦卡門之前一百年，發現可能是描繪隔離的泥塑和石製雕像：裸女穿戴繁複假髮與華麗珠寶躺在床上，身側常常伴著孩子。德爾麥地那文獻也提到確實有陪產假，男性會購買幫助妻子的特殊物品，包括以小貝斯神像當作床腳的訂製床。然而一旦過了十四天，產婦與孩子就必須離開床，用適當的慶祝重新回歸社會。

魔法與醫學

隨著時間推進，醫學知識隨之增加。西元前六世紀，印度醫生妙聞（Sushruta）留下了有關正常懷孕、分娩與病態分娩等極為仔細的科學紀錄。[7]他的一些發現可能影響了希臘人。雖然如此，魔法仍在希臘醫學裡扮演重要角色，甚至是希波克拉底於西元前五世紀寫的原始醫師誓言也包含了咒語。當時也存在著相當程度的實用主義。

希臘和羅馬醫學認為，如果胎兒被推論已死亡或卡住了，就必須取出胎兒，以試圖保住母親的生命。

一堆駭人的產科器具在龐貝的外科醫生之家（House of the Surgeon）等遺跡發現。勾刀用於肢解卡住的嬰兒。生活在西元一世紀或二世紀的索蘭納斯醫生（Soranus of Ephesus）建議為了避免傷及產婦，必須切除看得到的胎兒身體部位，而非在體內的部分。[8]用顱骨夾，即帶齒的彎夾鉗，將胎兒的大頭分成兩半或壓碎。這樣的做法在當時是可被接受的。索蘭納斯說到，一旦胎兒離開母體，在祖母或阿姨用手指沾口水驅走邪眼後立刻交給母親。父親接著被帶到床邊，決定該讓孩子活下來還是死去。如同西元前三世紀雅典喜劇詩人波斯迪普斯（Posidippus）所寫道：「每個人，甚至是窮人，都有兒子。每個人，即使是富人，都會拋棄女兒。」[9]不受歡迎的嬰兒會被遺棄，例如丟在庇厄塔斯神廟（the Temple of Pietas），而畸形「怪物」則被淹死或悶死。亞里斯多德在著作《政治學》（*Politics*）裡倡導一條將扶養畸形或殘疾兒童視為犯罪的法令。畸形通常被歸咎於懷孕的女性，認為是因為懷孕時看了不該看的東西所導致。女性被建議應該要看著精美的雕像，以確保生出比例恰當的孩子，若看到猴子，可能會生出滿身毛又有長手臂的孩子。

就像先前與之後的所有主要文明，希臘和羅馬社會追溯父系世家。可是因為女性負責生育，有能力打亂男性系統。為了讓父權安排順利進行，女性需要被控制。控制的有效方式包含主張產後女性遭到汙染不潔，以及宣稱孩子其實是男性的傑作等歷史悠久的方法。希臘人和羅馬人都認為女性只是空洞容器，男性的孩子透過她而誕生，因此女性對生育並沒有實質參與——除非出現問題，例如看太多猴子。

雖然這些都是男性主導的體系，但卻很重視女性的健康。由索蘭納斯撰寫的二十本醫學書籍之中有一本主題為婦科學。這些原著已失傳，但因曾被後來的作家引用，故部分內容留存了下來。索蘭納斯建議助產婦的雙手必須要乾淨，並推廣他的孕期香氛療法，這其中包含要求孕婦吸入蘋果的香味或土塊的氣味。他囑咐產後得臥床休息三周。都會女性會躲到床上，或希臘人稱為「克里奈」的躺椅上，這是一張有四個床腳支撐的長方形床，其中兩個床腳比較高，用來支撐扶手或床頭板。許多花瓶瓶身上繪有克里奈躺椅，顯示布料掛在躺椅編織平臺上，靠枕放在頭靠之處。富裕的產婦能享受鋪著層層細緻編織布料和堆滿枕頭的床。一些新手媽媽會雇用奶媽，儘管塔西佗讚許日耳曼女人照顧自己的孩子，這意味著自己照顧孩子的行為被認為是品德高尚，卻被有能力雇用奶媽的人唾棄。在母親產後臥床時期，孩子的命名——女孩在出生後第八天，男孩則在第九天——會在重要的新生兒危險期結束後。產後不臥床是難以想像的事情，即使古希臘史學家史特拉波（Strabo）曾在《地理志》（*Geography*）裡提到，住在伊比利半島的婦人生產後，丈夫會臥床，由她來照顧他。

帳篷與「呻吟椅」

中國對生產議題發展出錯綜複雜又極為細密的規範。[10] 關於床的角色的規定也很複雜。第一個要求是在孕期最後一個月，孕婦必須搭設產帳或安排產廬。此處會是她專屬的分娩用地，而且不能只是在她平時睡的床加上屏風而已。西元四世紀的地方軍閥桓玄建議小妾用妻子的舊產帳，這意味著產帳為特殊裝備，還有他相當念舊。

產帳或產廬會搭設在屋外或設在房間裡，很像古埃及的分娩亭。搭設產帳是一件危險的事。一份醫學文獻警告「不論在何時搭設產帳……禁止將其設在新採的麥稈上或在高聳的樹下，這會帶來極大的不幸！」[11] 產圖會指引產盧該朝向的方位與埋胎盤的地點。西元十世紀之後，安排設置的事宜變得極其複雜，所以產圖通常會被掛在分娩房間裡。一旦開始分娩，產婦家人必須「移走床鋪和桌子，將草鋪在三、四處地面，吊起繩子，將木頭綁在繩子上，造一個橫桿……讓產婦能依靠著，就像橫樑」，以上源自一份中世紀早期中國醫學文獻。[12] 在歷史上多數時間裡，分娩時蹲踞在地面顯然是常態。如同西元五世紀陳延之醫師寫道：「在古代，女性分娩時是趴在地上和坐在稻草上，像在等待死亡一樣。」[13] 稻草可能事前先鋪在地面。

女性助產者會從後方抱住產婦的腰，這在二十世紀前可能是中國最普遍的分娩姿勢。只有在產婦精疲力竭時才會躺在地上或床上。一份文獻建議，如果出現難產，參與分娩的人應該先「讓產婦躺在床上」，這意味著如果一切順利的話，就不會讓產婦用到床。會如此建議，部份是由於某些床的高度之故：西元三世紀之後，貴族的床非常高。據說中國南朝有名孕婦「自床投地」試圖造成流產，這代表她的床必定相當的高。偏好高床的原因可能與約在西元二世紀傳入中國的佛教有關。佛陀端坐在高起的平臺上，而非墊子上，這使得人們將高座椅視為給特別客人、顯貴或官員的尊貴位子。這些高座椅很快地出現用來休憩的長椅版本，最終演變成高床。

中國人認為分娩是女人的事，由女性助產者共同參與。然而倘若胎兒的父親按照規範正確進行每件事，產婦順產則歸功於他。為了讓胎盤和胎兒一同產出，盡責的男人會拿他的衣物蓋住一口井。為了確保順產，他會讓妻子服用燒過、磨碎的指甲片粉末，或燒過的陰毛加上硃砂粉的混合物。這些偏方聽起來很詭異，但遵從偏方被認為非常重要。陳延之醫生曾說，生產就像在地上等死，所以一旦順利分娩，親人會呈上豬肝慶祝。端視家庭富有程度，產婦可能會得到羊肉、麋鹿肉或鹿肉。中世紀中國醫生稱產後時期為「生死三日」，建議產婦「待在床上，背靠著撐起上半身，雙膝屈起」，以進行觀察。產後女子是不潔的，必須足不出戶待在房間三十天。產後禁止性行為一百天，預防產婦罹患五勞和七傷，例如陰道出現分泌物等症狀。中國古文獻並沒有明確將難產之責怪罪於女性身上，可是文獻指出女性產後不潔，必須採用多種措施防止觸犯禁忌或冒犯鬼神。[14]

其他與分娩相關的禁忌也出現在歐洲各地。在都鐸時期，英國女性接近臨盆月分，會待在她的寢室。數周期間，她會在床單灑上聖水，關上窗戶，將所有鑰匙孔堵上，拉上窗簾遮住日光。難產被認為可能是由潛伏的惡魔或忽視迷信行為所導致，例如看到月亮。她可能會接受民俗療法，像是在肚皮灑上磨碎的螞蟻蛋粉末。在現代早期，人們使用的治療方式常是根據疾病與藥方外貌相似的關係，這也是為什麼吃皺巴巴的核桃可以幫助大腦——這的確有用，但純粹巧合。[15]

分娩一開始，就是專屬女性的場合。「midwife」（助產婦）這個詞在古英文中的意思就是「與女性一起」。男性的角色是「前去請助產婦、產婦閨密與親人來協助分娩」（go nidgeting）。這些即是產婦的「神前的手足」（God-sibs），亦即「一同分享消息的人」（gossips）。這些女性的目的是讓產婦冷靜，可能透過告訴她臥室之外的世界發生了那些事。她們也可能會進行古老儀式，像是把產婦的戒指脫下，或鬆開腰帶——這被認為類似窒息動作，可能會傷害胎兒——或提供護身符，例如形狀像外陰部的寶螺殼，被認為能替該區域帶來好運。

隨著分娩進行，產婦可能會在可移動的小型木造棧板床上休息，可以隨著產婦移動。抑或是產婦可能蹲坐在助產婦帶來被稱為「呻吟椅」的產凳上。在清教徒革命之後，分娩時呻吟的情況持續增加，因為止痛是犯法行為。一名助產婦在一五九一年時被活活燒死，因為使用鴉片協助分娩。許多古老天主教方法——護身符、小塑像、偏方和咒語——被視為是迷信而遭到禁止。可是到了天主教瑪麗女王在一五五九年繼位，許多先前被禁止的物品重新出現，這代表違禁品可能從未曾消失。[16] 然而當時大多數女性，至少官方紀錄上，必須仰賴香草、祈禱和聽八卦來分散生產疼痛。

雖然許多產婦有結婚時特別帶來的傳家分娩亞麻床單，這會在產婦臨盆時拿出來使用，然而實際血淋淋的分娩過程會在毯子上或老舊軟亞麻布上進行。富裕家庭的產婦可能躲到主臥室裡分娩；中產階級可能會到為了隱私之故而隔開的地方分娩，也許是靠近中央壁爐的地方。分娩完成之後，助產婦會清洗新生兒。如果是王子，會以紅酒沖洗，將奶油塗在皮膚上，用蘆薈和阿拉伯或阿比西尼亞（Abyssinian）的乳香混合而成的粉末塗在肚臍上。

在都鐸時期，不論社會地位為何，新手母親都被稱作「野女人」，被視為不潔，被性行為與分娩所汙染。在產後閉關時期，她不可以看天空或地上，甚至是對上他人的眼睛，性行為更是嚴格禁止。禁閉月份滿了之後，為了重建她的社會和道德身分，她會接受「教會淨化儀式」。為了這個儀式，她會戴著面紗，從寢室被帶到教堂門廊，好似結婚儀式，只為了被賦予幾近處女（清潔）的地位。如果她身體極度不適無法去教堂，神父可能會前去家裡見她。

當時的女性深知分娩的危險。懷孕女性常常為了以防萬一，會請人繪製畫像留給後代。在十五世紀佛羅倫斯，大多數女性在得知懷孕後會馬上立遺囑。即便是最富有的皇后也是如此，事實上，他們甚至比大多數女性更為脆弱。當未來王儲誕生之際，皇后寢室裡可能有多達七十人在裡面，這增加皇后得到「產褥熱」（childbed fever）的風險。產褥熱是種細菌性疾病，通常藉由骯髒的雙手或髒衣物傳播。亨利八世的兩任妻子珍·西摩（Jane Seymour）與凱薩琳·帕爾（Katherine Parr，在第二段婚姻時經歷分娩）都在焦急朝臣擠進寢室後得到產褥熱過世。很難確定當時產婦一般的死亡率，但對十六世紀倫敦阿爾德門區域的案例研究顯示，每一百次懷孕會有二·三五次死亡。[17] 鑒於當時女性可能一生會有七名孩子，這代表每七名母親中約有一名最終因分娩而過世。

在殖民時期美國，參與分娩的人數可能也相當多。清教徒女性分娩時可能有多達十人在寢室裡，包含助產婦、婆婆與一些鄰居。取決於財富與家況，分娩偏好安排於主臥室或廚房，相當可能在一床稻草上，這會在分娩完成後燒掉。然而，約在一七六〇年，美國上層階級女性開始要求醫生參與分娩。

床上分娩

轉換到床上分娩的情況，可以追溯至十六世紀法國與現代產科手術的興起。產科醫生當時要求產婦得要平躺在床上，他才可以確實地如同拉丁字根指稱的「站於前方」，使用他的醫療工具。（用代名詞「他」和「他的」是因為一開始所有產科醫生都是男性理髮師外科醫生〔barber-surgeon〕*）。

直到十八世紀，產科醫生被視為是不入流的工作，其社會地位等同於木匠和鞋匠。進入傳統上由女性主宰的領域，這些男性發現自己與女性助產士競爭激烈。為了

*編注：在中世紀歐洲，醫生們普遍認為「手上沾到血有損尊嚴」，所以外科手術通常由理髮師完成的，這些人被稱為理髮師外科醫生。

增加影響力，產科醫生發展出以疾病為導向的分娩觀點。分娩總被視為是危險事件，但從來都不是疾病。然而，當時新出現的產科醫生開始說服女性，懷孕是種疾病，所以她需要像病人一樣平躺在床上。這讓他親臨參與不僅合適且必要。產婦會被動地躺著，透過他的技術，主動地接生嬰兒。

新概念很快紮根。法國婦產科醫生先驅之一雅克・吉列莫（Jacques Guillemeau, 1550–1613）於一五九八年完成深具影響的著作《女性愉悅分娩》（*Childbirth, or The Happie Deliverie of Women*），書中認為斜躺在床上是能讓女性舒適、快速分娩的最佳姿勢。路易十四時期的婦產科醫生弗朗索瓦・莫理士（François Mauriceau），在一六六八年出版《懷孕婦女的疾病與分娩》（*The Diseases of Women with Child and in Child-Bed*）。他的著作反映了當代廣受歡迎的想法，也就是將懷孕當作需要男性治療的疾病，床則是治療的平臺。莫理士寫道：「一定要鋪好床，準備分娩的產婦應該躺著，頭和胸部必須要抬起一點，讓她既非平躺，也不是挺直坐著；比起其他姿勢，像是平躺在床上，斜躺時呼吸最順暢，也會有更多力氣來應付疼痛。」[18]

床被認為是適合分娩的地方。然而，女性躺著生產成為風潮，可能來自更奇異的原因。路易十四顯然很熱愛觀看女性分娩，據說他非常不滿意傳統生產凳子阻擋他觀看的視線，於是推廣新的斜躺分娩姿勢。路易十四真實的影響力未知，但鑒於太陽王神一般的地位，此軼聞是很有可能的。不論真相如何，到了十七世紀，法國幾乎所有女性分娩都在床上進行，除了鄉村農婦之外。

婦產科醫生推動的發展之中，產鉗是由十七世紀早期的張伯倫家族發明。張伯倫產鉗（Chamberlen forceps）雖然缺乏現代產鉗的骨盆曲線，但已有符合嬰兒頭顱的顱骨曲線。張伯倫產鉗一直到十七世紀都還是家族祕密，直到休．張伯倫（Hugh Chamberlen）揭開真相。一開始，這樣的技術受到懷疑，助產婦反擊過度熱衷使用產鉗的醫生。然而，最終助產婦開始變得像是舊時代的迷信。一八九九年，約瑟夫．玻利瓦．德利（Joseph Bolivar DeLee）設立了芝加哥躺臥式醫院（Chicago Lying-in Hospital），他說分娩是醫療過程，不需要助產婦在場。他也大力支持在床分娩，以及使用止痛和產鉗接生。

一名正在生產的十八世紀女子。

圖片來源：Chronicle/Alamy Stock Photo

病床分娩

儘管德利醫生堅持病床的優越性，但一開始的病床並不令人感到快樂。巴黎主宮醫院（The Hôtel Dieu）為十八世紀法國最早的臥躺式醫院，一共有一千兩百張病床與一大區的產科病床。然而，需求卻遠大於供給，女病患常常被迫共享病床，有時得比鄰分娩。該醫院經常爆發產褥熱流行，死亡率在每百名產婦約有二到八名死亡，約是院外分娩死亡率的十倍。產婦常會突然高燒、腹部疼痛、腫脹與失血，幾日內即死亡。沒人知道引起產褥期敗血症（puerperal sepsis）的原因，有人認為是產婦母乳壞掉之故。巴黎主宮醫院在一七四六年首次有產褥熱流行紀錄之後，即延續這樣的假設。當醫院員工解剖死亡女性的遺體，見到他們認為的「凝結母乳」附於腸子內部與他處，但那不是母乳，而是膿。

其他醫生有不同看法，但總是歸咎於女性。也許她在懷孕初期穿了緊身衣，或是她的陰道分泌物使她中毒了。沒有人猜到是醫生的錯，他使用的設備或雙手，無意間導致細菌在病人之間傳播，直到伊格納茲．塞麥爾維斯（Ignaz Semmelweis）在維也納綜合醫院第一產科門診部（First Maternity Clinic of the General Hospital）發起強烈要求醫生與醫學生在檢視病人前要洗手的運動，雖然運動最後無疾而終。醫生經常驗屍完後就直接進診療室。儘管塞麥爾維斯診所的死亡率大大下降，但他無法說服同事採取同樣的行動。醫生詩人奧利佛．溫德爾．霍姆斯（Oliver Wendell Holmes）領導美國阻止這種疾病傳播的運動，敦促醫生在診療臥床女病患前先洗手，但是他也面臨強大阻力。美國費城傑佛遜醫學院（Jefferson Medical College）婦產科醫生查理士．梅格斯（Charles Meigs）宣稱：「醫生都是紳士，紳士的手必然潔淨。」[19]

十九世紀英國人非常熱衷避免任何與性相關的聯想延伸入婦產科。當維多利亞女王在一八三七年加冕時，男醫生還是可以參與分娩，但不可以看著病人，只能碰觸她們——有時還只能在層層床單之下四處摸索尋找嬰兒。之後，維多利亞時期婦女由男性醫生診療時，最常以左側躺，屈膝貼近腹部，這扭曲姿勢是為了避免醫生與病人看到彼此的臉。在貴族家庭裡，甚至流行只在分娩時使用的移動便床。在有別於婚床上的床進行分娩，據說是為了降低分娩的性意涵。

然而很快地，非常無性、消毒過的醫院病床，帶有金屬框架與硬挺床單，吸引越來越多女性。醫學完全轉型。在突破性進展之中，約瑟夫・萊斯特（Joseph Lister）在一八六〇年代首創外科消毒技術（antisepsis），確保了手術無菌，並讓重複使用沾血的床單成為過去式。緊接著詹姆斯・辛普森（James Simpson）在一八四七年運用氯仿（chloroform），其神奇的止痛效果據說是辛普森某晚自行實驗時所發現。氯仿於一八五三年被用於維多利亞女王的第八次生產；她用「極為舒服」來形容使用藥品的感受。將氯仿用於一般產科麻醉的情況急速上升。

現代臥床分娩

到了一九三〇年代中期，相較於醫院之外，美國有更多人在醫院進行分娩。嬰兒出生後數分鐘，會被帶到大型中央嬰兒室，放在用金屬製成的乾淨嬰兒床。嬰兒每隔三至四小時帶到母親身邊餵哺，優越配方奶的開發也讓這個方式十分可行。

儘管科學進步，但直到一九三〇年代末期，每兩百名孕婦中仍有一名會在懷孕和分娩過程中死亡。直到一九四〇年代抗生素發明，孕婦死亡率才大為降低。智人的巨大頭腦與靈巧雙手達成無法想像的事情：人類似乎終於戰勝自然。到了二十世紀末期，分娩幾乎全部遠離家裡，移到醫院病床上。這改變影響深遠：一九〇〇年之際，美國約有百分之五的孕婦在醫院生產；一九二〇年時在某些美國大城裡，此比率上升至百分之六十五；到一九五五年時，在醫院生產比率達到百分之九十五。到了二〇二〇年，比率幾乎達到百分之九十九。

懷孕「病人」現在得接受一連串的檢查，在美國與英國，約有三分之一新手產婦接受剖腹取出胎兒的手術。老普林尼（Pliny the Elder）宣稱尤里烏斯・凱撒（Julius Caesar）的先人曾以剖腹產方式生產。事實上，此名稱可能是源自拉丁文「caedere」，意指「切開」，或是來自羅馬法《剖腹產律》（*Lex Caesarea*）明定在懷孕晚期死亡的女性應在死後盡快進行剖腹分娩，這是因為不允許孕婦死者懷著胎兒埋葬的文化禁忌。在消毒術與麻醉術發明之前，剖腹分娩幾乎意味著產婦的死亡。然而，如今婦產科病床是大多數人出生後首次接觸到的床。

約有八萬名被認為會經歷高風險懷孕的北美婦女，接受指引得在生產前臥床數周。有人認為這只是一場「臥床騙局」，這樣的長期臥床並不會改變最後結果，還可能傷害女性心理健康。就躺著生產來說，最近一項統合分析顯示，當女性採取像是蹲踞或站立姿勢等所謂另類姿勢生產時，她們在醫院生產時間一般較短，也較少進行剖腹產和硬脊膜外麻醉。一九六一年一份調查顯示，在工業化前社會中只有百分之十八婦女平躺生產；如同前述所言，這也可能反應了西方歷史上分娩的方式。助產婦們也仍在抗爭：英國皇家助產婦學院（Royal College of Midwives）二〇一〇年的報告名稱為「讓她離開床」。

提及新生命，床從積極復原之地成為被動生產之處，此轉變恰巧與從全為女性的助產婦變成大多是男性婦產科醫生的時期相符，如今約百分之八十五的婦產科醫生為男性。就像先前所有父權社會，現代社會大都將平安生產歸功於男性。然而，另一個改變是床不再是女性不潔區域。既然我們已經克服許多生產疾病，極少數女性會為了「不潔」而臥床一個月。相反地，女性被囑咐要模仿媒體創造的名人，生產幾天後就穿著牛仔褲四處活動。這對女性心理健康可能並不好。

一九七〇年代早期，女性主義者認為必須讓大眾瞭解與生產相關的照護，並且讓女性生活去疾病化。他們認為生產並非疾病，所以大多數分娩並不需要住院，而且倡導助產婦回歸。他們倡導在家生產引起了與醫學界之間的激烈爭論。雖然美國各州並沒有禁止在家生產，然而參與在家生產的醫生卻受到失去醫療特權，甚至醫療證照的威脅。事情已有些改變，今日助產婦參與了美國女性分娩總數的百分之八・二，在一九八〇年僅百分之一・一。

然而，人類空前的安全顯然多虧了現代醫學。這就是為什麼今日西方女性百分之九十九願意前往醫院病床的原因。這樣一來，似乎所有孕婦都能避免經歷因懷孕併發疾病過世的命運，例如奧斯圖尼的裝飾品女孩，或顯赫印度王后慕塔芝・瑪哈（Arjumand Banu）因一六三一年生產第十四個孩子而過世，後人以泰姬瑪哈陵紀念之，還有英國女作家夏綠蒂・勃朗特（Charlotte Brontë）在一八五五年因高齡懷孕導致妊娠劇吐（hyperemesis gravidarum，即長期嘔吐、體重下降與脫水）過世。產後的床是一個生命很可能轉變成死亡的地方。

第五章　死亡與死後世界

約在西元四五〇年，一名年約二十五到二十九歲、黑髮的莫切（Moche）女性過世了。她的遺體以數百尺棉布包裹，外面覆蓋著藤墊，這可能是她生前的床。她自然乾燥的遺體保持完整，腹部還有幾層鬆垮皮膚，顯示她至少生產過一次。發現她的考古學家推斷她可能死於生產併發症。[1]

她的墓穴於二〇〇六年在祕魯北方海岸 El Brujo 金字塔群的卡奧・維耶何（Cao Viejo）泥磚金字塔頂部被發現，這一區已被掠奪殆盡，但神奇的是，這位女子的墓穴並未遭到洗劫。她被暱稱為「卡奧夫人」（Lady of Cao），其墓穴同時埋有傳統女性和男性墳墓會有的陪葬品，包括黃金珠寶、黃金繡針、編織工具、兩根儀式性戰鬥用棍以及二十三根矛。這很不尋常。她是深具影響力的女性領導人嗎？或者可能是統治者的妻子，戰鬥物品是她丈夫給她的呢？因缺乏文字紀錄，我們無法得知。然而可以確定的是她是位重要人物。巨大床包旁還有其它遺體，其中包括一位年紀介於十七到十九歲的少女，她脖子上仍纏繞著繩子，可能是被獻祭當作後世引路人。

可是，有鑒於其貴族地位與豪奢陪葬品，為什麼只用簡樸藤墊包裹卡奧夫人呢？也許她睡覺用的藤墊是包裹龐大陪葬品的實用方式，但也可能同時代表保障死者在最後旅途上的安全。

最近的調查顯示，現代西方人有百分之七十偏好在自己的床上死去——這樣的心願約有百分之五十的人無法達成，因為這些人會在與剛出生時類似的醫院消毒病床上過世。希望死在自己的床上反映了長久以來將睡眠、死亡與想像後世作連結。早在西元前二二〇〇年，在世界最早的文學作品之中，基爾迦曼（Gilgamesh）對死去的朋友說的話，喚起睡眠與死亡的連結：「如今，是什麼讓你陷入沉睡？你沉入黑暗，聽不見我！」[2]

每當考古學家找到人類墳墓，遺骸通常被擺放成入睡的姿勢：四肢攤開平躺或側躺，抑或是蜷縮的胎兒姿勢。混亂或怪異姿勢代表遺骸遭到棄置，所以維持倒下時的樣子，這通常用於對待敵人與罪犯，例如英格蘭南部多塞特郡里奇韋山丘（Ridgeway Hill）上的墳坑裡，有五十四位大多是被砍頭後丟入坑中的維京人遺骸。上下顛倒或呈坐姿的埋葬方式極為罕見，不過西元九世紀到十四世紀，祕魯海岸區的蘭巴耶克文化（Sican culture）的貴族會這樣做。

大多數人會保持著睡眠—死亡—死後世界的連結。我們會說「安息」（rest in peace）或「睡好覺」（sleep tight）。在舊約聖經裡用來指稱床的字彙與腓尼基語和烏加里特語（Ugaritic）中意指棺木（mskb）的字彙是相同的，另外威爾斯語「bedd」可同時意指床與墳墓。傳統尼羅河流域的遊牧民族努爾人（Nuer）認為，睡覺時，人的靈魂會在祖先之列遊走，當靈魂尚未歸來而身體卻甦醒，人即會死亡。我們不能確定他們是否錯誤。這種不確定使我們關於死亡的儀式，比其他人類事件還多。在這樣的劇碼裡，床持續佔據舞臺中央，即使這代表為了最後的正式告別，瀕死的君王得要被拖著回到他的床上。

儀式與靈魂

對於留下來最古老葬禮儀式文獻，居住在美索不達米亞的人而言，臨終床極為重要。一旦確定某人即將死亡，不論男女都會被移到特別的葬禮床，旁邊圍繞著家人和朋友。床架左側會擺一張空椅子，這是亡者死後遺體尚在清洗、抹膏油或香水、將其嘴巴闔上時，靈魂暫居之地。遺體會擺在床上，身側放著陪葬品，可能是亡者喜愛的物品、獻給神的禮品、食物、飲料和涼鞋。

涼鞋對靈魂前往死後世界的旅程至關重要，儘管極富有的人會偏好搭馬車，因為這趟旅途非常艱辛。首先，靈魂必須橫越滿是惡魔的大草原到西方，然後搭乘渡船越過地獄之河哈布爾河（Khubur），一名神祇會在終點迎接，並核對人類名單。靈魂在地底世界安頓好後，即展開相當單調的生活，只有偶爾會有親人提供的食物祭品點綴其中。只有嬰兒的靈魂生活不單調，據說他們永遠都在玩遊戲與享受蜂蜜。

在人世的親朋好友則進入哀悼期：即便是最貧窮的人，過世時沒有任何供養是極大的不敬之舉。適當哀悼行為包括身穿麻布袋、大聲悲泣與狂抓身體。人們可能會雇用專業哀悼者，通常由妓女擔任，並大力敲鼓。葬禮費用昂貴，葬禮官員期待得到葬禮用的床和椅子，以及亡者的衣物、穀物、麵包和啤酒當作殯葬費。在西元前三千年中期，蘇美拉加什的伊魯卡基那王（Irikagina of Lagash）堅決限制陪葬品的數量。他將啤酒罐從七個降至三個，麵包從四百二十條減到八十條，每場葬禮只能用一張床和一個頭墊，而且下葬後，床必須從墳墓移出。[3] 美索不達米亞文明的葬禮，如同今日婚禮，顯然有著無限商機，尤其是當人們相信倘若遺體沒有好好地埋葬，鬼魂會回來騷擾生者。也因為這樣，美索不達米亞勝利者總是會好好埋葬敵人遺體，甚至在戰事進行中也是。

既然伊魯卡基那王會禁止將床留在墳墓，就表示人們先前會這麼做。床葬也出現在紅海的另一側。最早在西元前四千年，埃及人與努比亞人（位於今日蘇丹）會將死者放在由木頭製成、像床般的架子上，或直接用家裡的床。美國考古學家喬治・瑞辛納（George Reisner）在努比亞庫施王朝（Kingdom of Kush）的首都科爾瑪（Kerma）挖掘時，發現許多座可以追溯至約西元前一七〇〇年的床葬遺跡。[4] 最常見的臨終床是木製的，有時會有形狀像母牛的床腳，以及通常配有網狀床墊。偶爾葬禮床會有磨損痕跡，代表這可能是亡者生前使用的床。雖然瑞辛納發現的墳墓裡，有床葬的情況比沒有的多，但這樣的埋葬方式對富人來說較為可能，因為富人有能力負擔床的消耗。在今日蘇丹葬禮上，人們仍會用床將亡者帶到墳墓，淨化後再將它帶回家。

臨終床也是古埃及葬禮中相當重要的部分。當圖坦卡門在西元前十四世紀末過世時，他的陵墓尚未修建完成，但他的墓室牆上卻繪有葬禮隊伍的場景。[5]十二位穿著白色長袍的哀悼者拉著拖架，上面載著躺在木床上的圖坦卡門木乃伊。發現圖坦卡門陵墓的霍華德·卡特（Howard Carter）說，他的床外罩以成串「結花球」裝飾的聖壇。圖坦卡門的送葬隊伍可能從在沙漠邊緣俯瞰尼羅河的國王停靈聖殿，此處是國王遺體進行防腐手續之處，一路拉著國王的木乃伊到陵墓。在他的床後，有一列僕人拿著國王在死後需要的所有物品，包括放著他內臟的卡諾卜罈（canopic chest）、衣物、食物、珠寶、家具。送葬隊伍伴著一群有時是雇來的哀悼婦女，搭配上衣衫不整的樣貌，包括一頭亂髮、露出胸部和揮動雙臂。

當送葬隊伍抵達陵墓入口，木乃伊將接受最後的葬禮儀式，通常由長子進行。由於圖坦卡門十九歲過世而且沒有子嗣繼承，於是由繼承王位的艾伊（Ay），據說可能是圖坦卡門的祖父，進行儀式中最神聖的部分：「開口儀式」。透過這個儀式，木乃伊將在死後世界復活，能夠進食、喝水和恢復視覺——墳墓裡的食物和光線是永生世界裡需要的兩個關鍵元素。身穿豹皮長袍的艾伊一邊用特殊工具觸碰木乃伊的眼睛和嘴巴，一邊唸咒語，特殊工具包括用於切斷新生兒臍帶的魚尾形刀子，因此可能引出誕生與死後重生的概念。根據瑞士木乃伊專案（Swiss Mummy Project）對五十一具木乃伊的研究，這些儀式裡的碰觸顯然相當用力，因為他們發現這些木乃伊前排牙齒斷裂，也找到一些牙齒碎屑。[6]

圖坦卡門接著被放入套棺裡，套棺則放在鍍金床上，卡特的索引卡上標註為「厚實床型棺架」，其「底部凹形面能承受人形外棺凸起」。[7]床頭有著雕刻細緻的兩顆獅子頭，床尾底部有尾巴，床腳看起來像獅子的前腳與後腳。全黃金的床板模仿編織造型，使其看起來像緊密的床墊，床板背面則漆為黑色。這是張適合給國王與神祇的床。金黃色聖壇矗立圍繞著床型棺架，然後墓室裡擺滿寶藏，接著封閉墓室的門。

圖坦卡門國王身為先前活在人間的神，死後會與諸神一同生活，雖然細節仍不甚清楚。對「普通」埃及人來說，死亡就像去另一個國度，被稱為雅盧平原（Field of Iaru）之地，人死後會永遠在此處健康地活著。窮人一般僅是簡單地埋在沙漠裡，可能加上一或兩張護身符，而在某些時期，富人可能會帶著種類廣泛的祭品和家具埋葬。皇家建築師卡（Kha）的墳墓就是如此，他是西元前十五到十四世紀修建國王阿蒙霍特普二世（Amenhotep II）、圖特摩斯四世（Thutmose IV）和阿蒙霍特普三世（Amenhotep III）陵墓的建築師，卡未受破壞的墳墓約在一百年前在德爾麥地那工人社區裡發現。

卡和妻子梅爾耶特（Meryet）葬在一起，除了豐富珠寶、衣物、家具和食物之外，還有卡收藏的六十條男性三角褲，兩人各有一張漂亮的床。他的床由木頭製成，床腳像獅子的腳，還有一件編織緊密的床墊。床無法放入墓室，但卻沒被帶回家裡，將床帶來的人將它留在墓室門外前廳走廊上。這床可能不是特別為了墓室製作，而是卡生前使用的床。梅爾耶特的床與卡的床類似，但比較小而且漆成白色。她的床蓋著床單、配有流蘇的毯子、毛巾與裹上兩層布料的木頭枕。[8]這兩張床確實對於擁有者來說很重要，可能也是用來搬移他們的遺體到墳墓的臺子。

華麗的臨終床

一張好的臨終床為傳達某人在人間和天堂的地位的極佳方式。很少有文化能像古希臘人那樣，將臨終床的象徵發揮得淋漓盡致。有鑒於斜躺在克里奈椅上用餐是極為優雅的活動，希臘貴族將亡者葬在這樣的床上也是遲早的事。儘管葬禮用的餐躺椅在較早期的文化裡就出現過，包括在杰里科（Jericho）發現的一座西元前二〇〇〇年的墓室裡，但到了西元前五世紀，克里奈臨終床是希臘墓葬花瓶上最常見的圖像。[9]

我們缺乏克里奈臨終床的考古證據，因為這類床的木製床架早已腐爛，或者這樣的床通常不會被留在墓室裡。愛琴海凱阿島（Keos）上有一段西元五世紀的銘文寫道，床與床單在葬禮後都必須帶回家。少數忽視此建言的例子出現在雅典凱拉米克斯（Kerameikos）墓地裡的幾座墳墓，裡面有著明顯是鑲有近東風格的象牙、琥珀與獸骨裝飾的奢華克里奈躺椅遺跡。被葬在這樣的躺椅上，象徵著此人擁有在來世享有無盡盛宴的資格。

古典時期希臘人對葬在躺椅上的喜愛，可能與其對來世看法改變有關。[10] 在荷馬

（Homer）的著作《奧德賽》（*Odyssey*）裡，從西元前八世紀晚期開始，希臘對於來世的看法與美索不達米亞居民相似：靈魂住在哈帝斯（Hades），是一個四周被水包圍的黑暗地底，過著一成不變的無趣生活。只有那些被埋葬的人才能越過水進入哈帝斯，而多頭犬獸塞伯拉斯（Cerberus）會吃掉任何想要離開的人。不論人在世時的行為舉止如何，靈魂並不會因此得到獎賞或受到懲罰。到了古風時期（西元前八世紀到六世紀），哈帝斯變得較為宜人，但到了古典時期（西元前五世紀到四世紀），極樂世界（Elysium），即天堂的概念開始盛行，隨之而起的就是將躺椅當作臨終床。

雖然躺椅形式的臨終床具備愉悅的特質，但仍需要嚴肅的儀式。首先，一名年約六十歲或以上的女性近親負責為遺體抹膏油、清洗與穿衣的任務。接著，遺體會被放在躺椅上，頭枕在枕頭上，腳朝向門。花瓶上的圖案顯示，男性舉起右手走近躺椅，女性則打頭搥胸。有時會有女樂師彈奏豎琴或里拉琴，或吹奏長笛，然而到了古典時期，不再鼓勵雇用專業哀悼者。但床仍持續使用。

伊特拉斯坎貴族流行葬在外型像用餐躺椅的陶製棺木。西元前六世紀晚期的夫妻石棺（Sarcophagus of the Spouses）是伊特斯坎文明（Etruscan civilization，編按：西元前十二世紀至前六世紀所發展出來的文明，位於今義大利半島及科西嘉島）的偉大傑作。石棺完全用陶土完美塑型，描繪一對編著長髮辮的夫妻，表情喜悅地共享宴席。在妻子的左手裡有一個圓形小物體，可能是代表永生的石榴。與同時代的女性相比，伊特斯坎女性似乎享有更多自由，她就這麼舒適地在丈夫身側休息。在希臘世界裡，宴席總是為男人而設。後來，有希臘人與羅馬人出現的地方，就會有克里奈臨終床——但就像伊特斯坎人一樣，帶有當地色彩。由於亞歷山大大帝（Alexander the Great）一路遠征到印度河，即現今巴基斯坦，因此不難找到佛陀躺在希臘化或羅馬風格躺椅上涅槃的形象，床腳帶有當地犍陀羅風格，像車床旋轉的一樣。

在西方世界，葬禮用克里奈躺椅隨著羅馬帝國的衰敗而不再流行，雖然我們在十六世紀的墳墓裡仍然可以找到躺在躺椅上用單手撐著休息的人像。然而，到了維多利亞時期，這樣的家具重新普及，當時的英國在擴張自身帝國之勢時，讓所有古典物品重回潮流。維多利亞時期渴望富貴的人，有時會在起居室展示亡者，將過世親人擺在古典風格的克里奈躺椅上，或稱「昏厥躺椅」（fainting couch）。雖然宴席的元素已不在，當時維多利亞時期躺椅與女性較為相關，然而奢華死去的概念仍然存在。

圍繞著床

在許多文化裡，臨終床本身即是家人、朋友與其他人聚在一起的社交場域，而且通常人數眾多。當瀕死之人需要傳承位置時，例如家族家長，觀眾變得更為重要。中國皇帝喜愛公開展示死亡，希望在死前宣讀他們選定的繼位者的，試圖——不一定都會成功——阻止繼位紛爭。然而也有意料之外的危險。北齊文宣帝（526–559）在臨終前喝下據說能長生不老的丹藥，結果立刻被藥殺死了。[11] 這樣做的人大有人在：各種丹藥殺死了一長串中國皇帝和高官，包括在西元三六五年，二十五歲的晉哀帝喝了丹藥就死了，意外達成飲用者不會變老的願望。至少文宣帝有足夠的理智，選擇臨死前才嘗試丹藥。

印度大君一般會在臨終前才選定繼承人，這在不穩定的政局裡是很合理的做法，因為若早早選定繼承人，被選定的人可能會決定「加速」自己繼承王位的時間。對於繼承者眾說紛紜之際，臨終床深具重要性。

英國女王伊莉莎白一世於一六〇三年於床上逝世，時年六十九歲，當時只有少數人在場。根據她的女官伊麗莎白・索斯威爾（Elizabeth Southwell）所述，當瀕死女王要求一面「真的鏡子」後，問題逐漸浮現。[12]每幅由政府控管的女王畫像，皆展示出她是有著完美容顏的無瑕美女，縱使她曾得到會讓皮膚留下疤痕的天花且有著一口爛牙。她看到鏡中的自己後大吃一驚，把那些奉承討好、誤導她的人趕出了房間。

女王過世當天，少數的旁觀者包括了她的侍女、醫生、牧師、坎特伯里大主教與樞密院成員。祈禱聲不絕於耳，當女王瀕臨死亡之際，她被徵詢是否同意蘇格蘭詹姆斯國王作為她的繼位者。她無法說話，只是舉起一隻手表達同意。繞著女王處子身分的謠言很多，像是她是否生過孩子。按照傳統，君王的遺體需進行開膛剖腹檢驗，但她留下明確指示，絕不可進行這些動作。於是，她直接被放入已擺放在床上、由侍女嚴格看管的棺材裡。床本身罩著黑絲絨並以鴕鳥巨大羽毛裝飾。遵循中世紀的傳統，逼真的女王木製肖像被放在棺木上。肖像暫時替代君王，直到下任繼位者登基為止，而此肖像則被保留到葬禮結束。

這樣的皇室逝世儀式在歐洲各地引發迴響。一七一五年，法王路易十四如同他活著的時候一樣，以公開的方式在他的皇家床鋪上去世。對法國宮廷生活來說，國王的床非常重要，甚至床上空空如也時，進入寢室的人仍會對著床跪拜，好似面對祭壇一樣。路易十四死前兩天仍在皇家睡床上管理國政，包括確保讓他的曾孫作為繼承者。親近的內務成員待在他的床邊，同時有許多人在寢室穿梭，包括檢查他染上壞疽腿的醫生、朝臣與其他旁觀者。

國王過世後，宮殿內各個房間都垂掛著黑色布幔，但與傳統不同的是，路易十四並沒有做常見的葬禮肖像。法國的傳統是製作國王的柳條肖像（英國使用木頭），放上依照過世國王身體製成的蠟製面具與雙手。此分身會被梳妝打扮，坐在皇家床上接待訪客。它會參加餐會，好像它是活著的國王般被服侍著。這樣的肖像會擺在送葬隊伍的顯著位置，人們會蜂擁前去看肖像，然而路易十四的父親路易十三，在一六二二年下令停止這項傳統，因為他認為這傳統有太多異教徒色彩。

聚在臨終床不僅對皇室來說很重要。臨終床是朋友和家人齊聚為臨終者與彼此提供支持的社交場域。在伊莉莎白時期的英國，死亡後，遺體通常會接受清洗、包裹屍布，有錢的話，可能會進行初步防腐措施。遺體會放在靈柩裡，即開放棺木，再擺到亡者的床上。一段瞻仰遺容時期開始，朋友和家人會確保遺體到葬禮前絕不會孤單一人。這項傳統直到二十世紀中期前都還相當普遍。

天主教徒認為見證臨終者最後時刻很重要，因為他們相信臨終者的命運會於此決定，端視個人選擇圍繞床邊的是天使還是惡魔。平靜地死亡代表天使戰勝。宗教革命後的新教徒堅信人無法在臨終時決定自身命運，此觀點必定引起不少的臨終焦慮。不管如何，伊莉莎白的新教牧師竭力描述她死前直達天堂的樣貌。他說她「溫和地離開此世，像一隻羔羊，宛如熟透的蘋果從樹上掉落般毫不費力」。13

在伊斯蘭教裡，家人與朋友也會聚在臨終床旁。臨終將近，他們會鼓勵瀕死之人以阿拉伯祈禱文表明信仰。「世上沒有神只有真主，穆罕默德是先知」。原始祈禱文中重覆「la」的音節有安撫人的抒情節奏感。如果瀕死之人身體狀況太糟的話，其他人會在其耳邊誦讀神聖經文，就像新生兒出生時耳邊聽到的祈禱文。死後遺體會進行儀式化清洗、包裹屍布，放入棺木裡，然後擺在停棺架上。葬禮越快進行越好，理想上要在一天之內，接著進入哀悼期。之所以迅速下葬是基於衛生與擔心腐敗，因為伊斯蘭教禁止火化。猶太教一直以來也是如此。

十六與十七世紀的歐洲猶太人認為，伴隨在臨終床前是項善行，也是宗教責任

約 1840 年的石版印刷畫，描述約翰・威斯里（John Wesley）牧師臨終前眾人圍繞床旁的場景。

圖片來源：Archive Images/Alamy Stock Photo.

（mitzvah）。猶太社群會盡最大的努力確保沒有人孤獨死亡。理想情況下，瀕死之人會在十位猶太人面前懺悔，其中包含朗誦一段祈禱文，之後瀕死者會為家人獻上祝福或為其祈禱。過世後，遺體必須接受清洗，然後在二十四小時內埋葬。在一段《塔木德》經文中，神說：「我以我的形象造你，由於你們的罪孽，我派出死亡；現在翻倒你們的床」[14]為了遵從此經文，哀悼中的猶太人傳統上會將躺椅或床翻倒，並在坐七（shivah）守喪的那七天維持翻倒狀態。

十七世紀的歐洲人曾描述非洲黃金海岸有類似的喪禮支援場景。儘管歐洲人與西非人不夠親近，無法直接觀察臨終場景，但能看到西非人過世後的大型聚會。他們以輕蔑的口氣敘述西非牧師會直接詢問死者為何離世，是否有人導致他的死亡。事實上，這些都是我們大多數人會感興趣的問題，所以也許這些儀式對親人的心理健康有益。長子通常會將父親埋葬在自己的床下或靠近床的地方。每天早上他會按照儀式從自己吃的食物或飲料中，取第一口獻給父親。英國殖民者認為此儀式很野蠻，於是禁止了。

遺言

臨終床前，眾人常常會靠向瀕死者，渴望聽到最後遺言。他會不會用一句不朽名言總結一生作為與人生目的？他會不會成為某種到來世的神聖引路人呢？維多利亞女王沙啞地喊了：「伯帝。」（編按：維多利亞女王丈夫的暱稱）邱吉爾說：「我對一切感到厭倦。」史達林在派遣士兵回去前大聲吼叫：「我要去睡了。我不會再召喚你了。你也可以睡了。」要有深度很難，或者說，瀕死之際還要在意深度也許很難。

西方人對遺言特別感興趣，此趨勢可追溯至蘇格拉底精彩的死亡過程，他於西元前三九九年因藐視神祇與腐化雅典青年，被判飲用毒堇之刑。他年輕的徒弟柏拉圖記錄蘇格拉底執行死刑的過程，高潮在於蘇格拉底喝下毒藥後（可能在床上）躺著，身上蓋著被單，讓毒性慢慢從腳一路蔓延至頭。最後一刻，他將蓋在臉上的布移開，提醒在場的朋友說：「克里圖（Crito），我欠了阿斯克里皮烏斯（Asclepius，藥神）一隻雞，你能幫我還嗎？」15

我們可能會覺得這是很掃興的結局。然而蘇格拉底的朋友們卻感到肅然起敬：到死前，蘇格拉底仍是德行高尚。對羅馬人來說，蘇格拉底之死是終極的離世方式，於是開始關注人的遺言。羅馬哲學家塞內卡（Seneca）決定用類似蘇格拉底的方式自殺，並確保祕書在場記錄他的遺言。根據塔西佗的記載，他說：「因被禁止對你的服務表達感謝，我留給你我唯一的財產，也是最好的一個：我的生活方式。如果你記住它，你的忠誠友誼將因德行的成就而獲得回報。」[16]其他人則聲稱，他向解放之神朱比特（Jupiter）獻上了一杯酒。後面這個說法比較可能，因為正如塔西佗所說的那樣，塞內卡死亡的過程冗長且場面混亂，喝毒堇而死通常會引起劇烈痙攣、抽筋與嘔吐。釘死在十字架還比較整齊清潔，這也是希臘時代是很常見的殺死罪犯的方式。

有鑑於喝毒堇會產生的反應，蘇格拉底的遺言與其行為舉止很可能也是捏造的。所有最好的遺言可能都是如此。據說羅馬皇帝奧古斯都曾說：「我來時羅馬不過是土坯之城，我走時卻已成大理石之都」，儘管他的妻子莉薇亞（Livia）說他其實是從希臘劇作裡引用了一些合適段落，但這個說法也很可疑。伊莉莎白一世曾說：「我所有的一切都是為了那輝煌的一刻」，這可能也是虛構。身無分文的奧斯卡．王爾德（Oscar Wilde）在巴黎的分租房間裡過世前，曾說了一句後來被廣為被引用的話：

「要麼換掉那壁紙，要麼我去死。」但事實上，他是在死前數周說了這句話。

由於亡者無法說話，捏造亡者遺言變得很容易。耶穌會士與其他北美傳教士時常講述當地「印地安人」的臨死遺言，用以推動他們的目標。典型的印地安臨終場景一般從意識到死亡將臨開始。如果該位印地安人已是基督徒，他會向神祈禱，祈求朋友與家人的健康，祈求憐憫，或者是祈求傳教士能在帶領非基督教徒的印地安人改信的任務上持續成功。他們的遺言一般都像是「耶穌，帶我走」等恰當詞句，伴隨著說話時雙眼渴望地凝視天空。

偶爾會有一些健康但即將去世的人說出非凡的話語，例如一八八七年，美國工運人士喬治．恩格爾（George Engel）在絞刑架上大喊：「無政府主義萬歲！這是我一生中最幸福的時刻！」書面「遺言」也發人省思。現在人們喜歡在推特和社交媒體上留言。在《星際迷航》（*Star Trek*）中扮演斯巴克（Spock）的李奧納德．尼莫伊（Leonard Nimoy）在他的最後一條推文中寫道：「人的生命就像花園，有其完美時刻，無法保存，只留在回憶裡。LLAP〔祝你長命百歲，繁榮昌盛〕。」[17] 然而，最後一條推文也可能出人意料，就像南非名模瑞娃．斯廷坎普（Reeva Steenkamp）寫的那樣：「你明天為情人準備了什麼呢？#getexcited#Valentines Day」。[18]她不知道她的情人、奧運短跑選手奧斯卡．皮斯托利斯（Oscar Pistoriu）即將向她開槍。

自己的臨終床

英國作家托馬斯．哈代（Thomas Hardy）在他的長篇小說《黛絲姑娘》（*Tess of the d'Urbervilles*）中這樣描寫主角黛絲：「還有另一個日期……即她的死期；這一天和一年中其他日子沒什麼兩樣，是她每年都悄無聲息地度過的一天；但它一定存在。」[19]聖經告訴我們，大多數人的死亡日期會在活到七十歲之後的某個時刻到來。一本來自敘利亞艾瑪爾（Emar）的箴言文獻說，神將人類的最長壽命定為一百二十歲，並把在九十多歲時能看到自己家族第四代子孫當作極高齡的終極喜事。

你我都知道我們最終會死。根據希臘哲學家伊比鳩魯（Epicurus）的說法，這種意識比起其他事物，更會阻礙我們的幸福。他敦促追隨者要接受死亡，享受生活，指出死亡並沒有什麼好怕的，因為它是沒有知覺，或是與神同在的世界。然而，有多少人聽從他的建議呢？現代西方人傾向於對抗死亡或忽略它。我們對待臨終的態度說明了一切。臨終曾經是公共場域，現在則被隱藏在醫院簾幕後或完全消失了。許多人寧願過馬路，也不願意和失去親人的人談話，無論是因為我們不擅長處理死亡，還是因為我們想否認它的存在。

在北美甚至興起一股潮流，認為只要投入足夠的正面思考，就能永生不死。像是亞利桑那州的 Alcor 這樣的公司就提供了冷凍保存：死亡後冷凍您的身體，當未來技術讓此成為可能時再復活。死亡根本是不可接受的。我們甚至努力延長那些顯然沒有生活品質的人的生命。二〇一〇年代後期，英國三個備受矚目的案例中，父母都反對醫師建議，爭取延續重病昏迷不醒的嬰兒的生命。每個案例都吸引廣大群眾支持。唐納．川普（Donald Trump）甚至為其中一個案例向教宗請願。

我們回顧歷史的深處，才能看到事情是如何徹底地改變。在十九世紀歐洲和北美，失去至少一個孩子是相當普遍的，而且如我們所見，一位婦女在生育年齡期間可能有七分之一的機率死亡。這並不一定讓死亡變得更容易。請看維多利亞女王因摯愛亞伯特親王去世，悲痛哀思長達四十年，以及美索不達米亞的信仰認為，死產的孩子會在天堂中永遠嬉戲，這顯然是為了安慰哀痛的父母。死亡是普遍而公開的，即使不能被接受它，仍須承擔它，其痛苦也必須被分享。人們圍在臨終床旁，因為死亡是生命中不可避免的一部分。

英國政府在網上公布了維多利亞女王臥床遺照，並形容其「相當令人震驚」。女王雙眼閉著躺在被白色織物覆蓋並以花朵裝飾的床上，她丈夫的畫像掛在她頭頂上方。這張照片以及相關的經過潤飾的臨終肖像，在現代人眼中看來是讓人不適的。然而，在維多利亞時代，她的臨終照片和肖像並不會讓人感到震驚。歐洲長期以來一直流行在妻子死後，委託畫家繪製家族圍繞在臨終床旁的肖像畫。這種精心安排的臨終肖像畫如今被認為很怪異。最後一張西方藝術家拍攝的臨終照可能是安迪．沃荷（Andy Warhol）旗下的超級巨星，跨性別者坎迪．達琳（Candy Darling）在一九七四年因淋巴癌去世的照片。她化上瑪麗蓮．夢露的妝容，性感地舉起雙臂放在頭上，人躺在被花朵圍繞、罩著白色床單的床上。這仍然是一張有爭議的照片，也許隨著我們離維多利亞時代越遠，爭議越大。

即使以當時的標準來看，維多利亞女王的行為仍相當極端：她在亞伯特親王過世後穿著黑衣的時間，不是傳統的一年，而是長達四十年之久。她將亞伯特親王臥室的陳設保持不變：他喝最後一口的玻璃杯還留在床邊桌上，他的筆和沾上墨水的筆記本還留在最後書寫的頁面，她還命人每天都要送新鮮的花到他的房間。人們不覺得這樣的行為是精神異常且對此感到不安，反而讚揚她的忠貞摯愛。

然而，與死者的頻繁交流——無論是維多利亞女王定期送花到伯帝的床邊，還是前殖民時期西非的兒子會將食物的第一口獻給死去的父親——都挑戰了我們的思考。這些行為對我們來說有些過於放縱、令人反感、甚至讓人感到極度不悅，比如我們所看到的現代印尼托拉查（Torajo）地區的人們。在那裡，我們發現有些人實行傳統的萬物有靈論，並混合了一些伊斯蘭教和基督教元素。這些家庭的做法已經將現代西方的死亡禁忌推向了極限：他們將死去的親人留在家中，有時長達數年，直到他們能夠負擔得起豪華的葬禮為止。這些慢慢乾燥的屍體被放置在前廳床上的開放棺木中，被照顧的像病人而非死去的人，每天給予食物、香煙和咖啡。葬禮之後，這些遺體仍不孤單，而是每三年會被挖出，進行特殊清洗和重新穿上衣服等儀式。對托拉查人來說，這種行為是正常且令人感到安慰的。[20]

然而，在現代西方社會中，許多人從未見過死去的人，甚至光想到就覺得厭惡。二〇一六年大衛・鮑伊（David Bowie）最後一首歌《Lazarus》的影片中，顯示這位垂死的歌手躺在醫院床上向攝影機伸手。這部影片被認為極為糟糕，這可能解釋了為什麼導演後來聲稱這部影片「與他的病情無關」，並強調影片拍完後，才得知他的病情已是末期。如今，臨終床通常只出現在小說或者電影中。

有些最好和最差的恐怖電影都涉及臨終床。由於現代文雅社會將臨終床視為禁忌話題，這類電影總被視為限制級、低俗、異常或三者兼具。涉及臨終床的電影包括一九七三年的《大法師》（*The Exorcist*），被視為「有史以來最嚇人的恐怖電影」，劇中最糟糕的場景展示了一位被惡魔附體、在床上轉頭嘔吐的女孩。還有一些關於殺人床的電影，包括低成本電影《死亡之床》（*Death Bed: The Bed That Eats*, 1977），其中一個魔鬼創造了一張床來侵犯他喜歡的女人。然後，還有一部名為《床下魔怪》（*Under the Bed*, 2012）的電影，描述一個床底下的殺人怪物，這部電影在非主流圈子中大受歡迎，因此還拍了《床下惡魔2》（*Under the Bed 2*）和《床下惡魔3》（*Under the Bed 3*）。《惡靈之床》（*Death Bed*, 2002）和《當你熟睡》（*Sleep Tight*,

2011）同樣深入觸及我們對死亡、睡眠和床的恐懼。

看看我們是如何嚇唬自己的！我們在對抗死亡的爭鬥中已取得長足進步。備有消毒床單和隔離簾子的醫院病床是拯救生命的地方，但也是一半的人去世之處，雖然許多人肯定希望自己能夠在其他地方度過最後時光。也許重新恢復聚集人群在臨終床旁，說最後道別和寬恕的傳統，會是有益於心靈的方式。然後讓我們把死者的遺體放在床上供所有人瞻仰，並舉行一場包括響亮鼓聲、搥胸、朋友支持和豐盛宴席的葬禮。畢竟，人類是社交生物。

第六章　陌生床伴

位於德國中部安哈特－克滕公國（Anhalt-Köthen）的路德維希王子（Prince Ludwig）是位曾經遊歷英格蘭各地的普通旅人，他唯一特別之處就是他用極差的詩歌寫下旅行日記。一五九六年，他入住倫敦北部赫特福德郡（Hertfordshire）韋爾小鎮（Ware）的白鹿旅店（White Hart Inn）。韋爾是中世紀朝聖者和旅行者的重要中途站，當地旅店為了吸引冒險的遊客而展開激烈競爭。為了吸引遊客，其中一家旅店（可能就是白鹿旅店）的老闆有了一個極佳的點子：委託製作一張巨大四柱大床，宣稱適合十二位旅客使用。路德維希王子對於這張大床的尺寸感到驚訝，並成為第一位留下紀錄的旅客。這張大床很快就成為熱門的過夜地點，路德維希王子留下了這樣的詩句：「四對情侶可以舒適地並肩而臥，不用擔心會互相碰觸。」[1]

這張韋爾鎮的大床（Great Bed of Ware），由荷蘭建築師、畫家、工程師和園藝設計師漢斯・弗雷德曼・德・弗里斯（Hans Vredeman de Vries）於一五九〇年時設計，尺寸是現代雙人床的兩倍以上，長寬皆超過三公尺，高二・五公尺，重約六百四十公斤。當地的工匠用橡木製成這張床，共分為四十個部分，其中巨大的床柱是由多塊木材黏合而成。他們雕刻了精緻的歐洲文藝復興圖案，排列在鑲嵌板上，原本還有著鮮豔彩繪，但現在只留下些許顏料痕跡。這張床完成後，很快受到遊客的歡迎，包括那些好奇的人和一些作家迷人地稱之為「性愛的人」，其中一些人在木頭上刻下他們的名字首字母，或在床柱上留下紅色的印章印記。

這張床的名聲響亮，甚至出現在莎士比亞的《第十二夜》（*Twelfth Night*, 1602）中。在劇中，托比爵士（Sir Toby）告訴安德魯・艾古契克爵士（Sir Andrew Aguecheek）要寫一封向奧西諾公爵（Duke Orsino）的侍童塞薩里奧（Cesario）發起決鬥的挑戰信，但這封信滿是謊言：「即使這張紙大到足以容納英格蘭韋爾鎮的大床，仍塞滿了謊言。」[2]三年後，一部喧鬧的詹姆斯時期戲劇《向北去呵！》（*Northward Ho*）以「來吧，我們在韋爾鎮的大床上挑戰我們的妻子」作結尾。英

韋爾鎮的大床，於倫敦維多利亞與亞伯特博物館展出。

圖片來源：Artokoloro Quint Lox Limited/Alamy Stock Photo

格蘭劇作家班・強森（Ben Jonson）在其一六〇九年的劇作《沉默的女人》（*The Silent Woman*）中提到了這張床。一個世紀後，愛爾蘭劇作家喬治・法古爾（George Farquhar）在他的《招募官》（*The Recruiting Officer*, 1706）中提到了一張床，「比韋爾鎮的大床大一半」。這類文學引用一直延續到現代，例如英國詩人安德魯・莫遜（Andrew Motion）在二〇〇一年寫的一首詩中，將韋爾大床描繪成「像落葉風暴一樣搖晃著睡眠者」。[3]

有些前來參觀這張床的人顯然是來惡作劇的。一七六五年七月四日的《倫敦紀事報》（*London Chronicle*）（無疑是虛構的）記載，說在一六八九年，有二十六位屠夫和他們的妻子，總共有五十二人一起在床上過夜。韋爾的驕傲和榮耀成了一個比喻，形容不必要的大眾奢侈浪費。一八五六年，剛剛受命並顯然相當自以為是的布里斯托主教擁有一張有著精美雕刻外加帷幔的椅子，看起來像一張四柱床，諷刺地類比於韋爾大床。

作為一個不朽珍品，韋爾大床在韋爾鎮各間旅店之間流轉，直到十九世紀末才成為鄰近哈德斯頓鎮（Hoddeston）的固定家具，此地為鐵路旅客周末旅遊的熱門目的地。它差點在一九三一年被送往美國，但倫敦的維多利亞和阿爾伯特博物館以四千英鎊的價格收購了它。這是一次成功的收購，因為這張床是該博物館最受歡迎的展品之一。它從那時起一直留在那裡，除了二〇一二年曾運至韋爾的小型博物館展出一年，該展覽由英國樂透委員會（Lottery Commission）贊助，花費了二十二萬九千兩百英鎊（約三十萬美元）。策展人花了六天拆卸床架，再花九天時間將其運到韋爾。

最後一位睡在大床上的人是女演員伊麗莎白・赫莉（Elizabeth Hurley）。二〇一五年，她在維多利亞和艾伯特博物館的一個雞尾酒派對上，越過護欄，擺出性感的姿勢坐在上面。警報立即響起，赫莉被請了出去。英國小報紛紛報導，也暗示一張為多人設計的床只有一種意涵。然而，儘管一些曾睡在這張床上的人承認其情色的可能性，但也有很多人否認。柏拉圖式社交共眠曾經是很普通的事。幾乎每種可能的群體在過去某個時候都曾睡在一起：家人，朋友，主人和僕人，以及全然的陌生人。雖然性愛有時會牽涉其中，但共眠這種安排通常是出於實用考量：床的成本，需要在沒有電力的世界中保持溫暖，以及床伴提供的安全感。

旅途床伴

韋爾大床因其巨大尺寸而聞名——大床是財富與奢華的象徵——而不是因為與陌生人同床共枕的行為。在旅店過夜的旅人常常會跟不認識的人共享床鋪。社交共眠過去很受歡迎，現在亞洲與其他區域，尤其是蒙古鄉村區域還是如此。

在中國和蒙古，炕床，即被席覆蓋的加熱磚塊平臺，到二十世紀時仍常見於路邊旅店中。最早的炕床出現在西元前五千年左右，是在黏土地板上燒火加熱，睡覺前將火堆清掉。更為精緻的炕床最早在西元前四世紀就開始使用了。這些炕床是由相鄰房間中的燃燒火爐或放置在地底下的火爐加熱而成。一個典型的炕床可能佔據房間的一半到三分之一的空間，並在整個夜晚保持其熱度。它們不僅用於睡覺，還用於進食和社交。最終，許多炕床都加裝了欄杆，有時精英階層會獨自睡覺。

如今，西方旅客通常唯一會與陌生人共眠的情況是在過夜航班上，這裡有一些不成文的禮儀規則，例如靠向你那一側的扶手，不要觸碰對方，並保持安靜。這些規則與為英國旅行者編寫的中世紀法語手冊中的規則相差不大，其中包括「你把所有被子都拉走了」、「你一直亂踢」和「你是糟糕的床伴」等內容。[4] 與古代炕床或現代航空公司一樣，你晚上的睡眠質量取決於你的財富。在較差的旅店裡，所謂的床可能只是一張簡單的木凳，上面有一條繩子在與胸部齊高的地方水平地懸掛著。旅客會擠在長凳上，將手臂搭在繩子上，然後倒頭就睡。在像朝聖這樣的熱門活動中，空間常常供不應求，而富人再次佔有優勢。一個能夠負擔費用的富人可以讓你滾出床鋪，不管你是多麼明智、神聖，是否生病或懷孕，都不重要。聖母瑪麗亞和約瑟夫曾經與孩子困在旅店的馬廄裡，隨後還有許多訪客加入他們，大概也得在那裡睡覺。

基督教藝術描繪出我們對床上共眠的觀念與早期時代的巨大鴻溝。這種差異尤其明顯地出現在描繪東方三賢士為耶穌帶來禮物的繪畫中。根據《聖經馬太福音》的描述，他們在夢中聽到上帝警告不要相信希律王，「三賢士的夢」成為中世紀後期藝術中深受喜愛的主題，這些繪畫總是描繪三賢士一同蜷縮在床上，有時裸體，但總是戴著王冠。

這些旅行的男人一起睡覺並不涉及任何性行為。赫爾曼・梅爾維爾（Herman Melville）在一八五一年出版的《白鯨記》中描述了年輕的水手以實瑪利（Ishmael）

被告知必須與一名「首席捕鯨者」共用旅店的床。旅店老闆安慰他：「那張床上有足夠的空間讓兩個人在裡面踢踢蹬蹬，是一張非常大的床。」但當伊什梅爾等待捕鯨者到來時，他無法入睡，抱怨他的床墊可能是用玉米芯或破碎的陶器填充的。最後，名叫魁魁格（Queequeg）的人抵達了，以實瑪利說：「天哪！多麼驚人的一幕！那樣的臉孔！……是的，正如我想的那樣，他是一個可怕的床伴；他肯定又打架了。」儘管如此，他的床伴在被要求熄掉菸時照做，「盡可能〔轉向〕另一邊，好像在說：『我不會碰你一根寒毛』」最後，以實瑪利入睡了，第二天早上醒來時發現魁魁格的手臂緊緊擁抱著他，而他說：「我從來沒有睡得這麼好」。5

當法官和律師們隨同亞伯拉罕．林肯（Abraham Lincoln）巡迴各地法院時，他們經常是兩人共睡一張床，一間房住八個人。一些評論家注意到，林肯與喬書亞．斯皮德（Joshua Speed）共睡一張床長達數年，就認為他是同性戀。其他人則認為，當時這種共睡一張床的安排是「被允許的」，林肯只是享受和斯皮德之間親密的友誼。不論他真正的性取向為何，林肯不太可能每晚都參加八人交歡派對。在過去，旅人之間的非性愛共眠是日常生活的一部分。在二十世紀初，當小說家托馬斯．沃爾夫

（Thomas Wolfe）的母親位於北卡羅來納州的寄宿屋不到傍晚就滿房時，旅行推銷員通常會兩人睡在一張單人床上。

這些安排不總是順利的。約翰・亞當斯（John Adams）在其自傳中講述了他與班傑明・富蘭克林（Benjamin Franklin）在旅程中度過一個極糟糕的夜晚。一七七六年九月，就在十三個美國殖民地宣布從英國獨立出來之後，兩人是大陸會議派遣的代表團成員，前去協商結束獨立戰爭的可能方式。途中，他們在新澤西州的一家旅店住宿。由於沒有辦法各住一間房，他們只好共享一張床，「房間比床大一點而已，沒有煙囪，只有一個小窗戶」。[6]這「一個小窗戶」引起了他們的困擾。身為「病弱者，害怕晚上的空氣」的亞當斯立刻關上窗戶。但是，富蘭克林想要開窗，於是開始對亞當斯講述「感冒理論」，並說他沒有新鮮空氣會窒息。最後，亞當斯贏得了窗戶之爭，但和平會議以失敗告終。

全家共枕

珍・萊德羅夫（Jean Liedloff）因她一九七五年的暢銷育兒書《富足人生的原動力：找回失落的愛與幸福》（*The Continuum Concept: In Search of Happiness Lost*）而聞名。她早期著迷於泰山與叢林，之後對亞馬遜兒童照護產生極大的興趣。她去了南美洲五次，並與住在委內瑞拉雨林裡的葉庫阿納印第安人（Yequana Indians）生活在一起。雖然她詳細介紹了許多生活方面，但關於成人睡眠習慣的唯一資訊是出現在一個括號中補述，她寫道：「葉庫阿納人有深夜講笑話的習慣，當所有人都睡著時，儘管有些人打呼聲很大，但所有人都會立即醒來，笑一笑，然後短短幾秒內再度睡著，打呼聲繼續。他們不會因被弄醒而不愉快，而且醒來時都保持高度警戒。縱使所有印地安人都在睡覺，也能同時聽到遠處野豬群的聲音；而我即使清醒著聆聽周圍叢林的聲音，卻一無所覺」。[7] 在叢林中、露天、寒冷的地方，或是在沒有燈光或電力的地方和時代，和同伴一起睡覺是獲得安全和溫暖非常實用的方式。

人類學家約翰・懷廷（John Whiting）在一九六〇年代觀察到，在他評估的社會中，有三分之二的母親會和她們的嬰兒一起睡覺，不過睡眠習慣差異甚大。在印度貧民區，整個家庭可能會睡在同一個房間的地板上。在喀麥隆西部的爾沙農民（Nso farmers），母親會和所有孩子睡在一張床上，孩子們排成一列睡在她身後，年齡最小的離她最近，她則總是面朝向門口睡，保護孩子免於被邪靈傷害或帶走。父親則在別處有自己的床位。[8]懷廷還發現了氣候和睡覺伴侶之間存在著一種常理上的相關性。在較溫暖的環境中，分開的床更常見，例如亞馬遜原住民就習慣獨自睡在吊床上，而在冬季氣溫低於攝氏十度的地區，整個家庭通常會共用一張床。

如果一個生活空間沒有隔牆，例如歐洲的青銅時代圓形房屋或鐵器時代長屋，群體將不可避免地一起睡覺。今天在沒有牆的帳篷中居住的人也是如此，例如蒙古、西藏、中亞、伊朗、土耳其、東北和西非以及阿拉伯半島的遊牧民族。[9]他們保持了西元前八〇〇〇年左右首見於斯基泰人的生活方式，隨著牛羊群移動，沿途搭建帳篷。他們有多種類的床，但最受喜愛的是由毛編織成的毯子和地墊，而非家具。地墊不使用時易於搬運和存放，使用時可排成一排或鋪開在地上。只有新婚夫婦可能會設置一道假牆，例如沿著繩子掛上簾子來保有隱私，但一旦第一個孩子出生，夫妻將與其他家人一起睡覺：祖父母與孫子，父親與孩子，母親與嬰兒。

一則義大利古諺語如此建議睡覺的人：「在窄床上，要睡中間。」英語中「to pig」，意指與一人或多人一起同床共眠，還有「bed-faggot」是英國東部用來稱呼不守秩序的床伴，「faggot」是一道將富含油脂、表面粗糙的肉球在肉汁裡烹煮的地方傳統料理。就像懷廷對原住民的研究一樣，大部分歐洲家庭通常會根據年齡和性別分配床位。女兒可能睡在母親旁邊，兒子在父親旁邊，最大的女兒則睡在離門最遠的牆邊。訪客和陌生人躺在床的邊緣。所有人共用寢具，但枕頭被認為是女性化的東西。一位十六世紀的評論家曾說，男人應該滿足於用「圓形木塊」當枕頭。較為貧困的人們則直接睡在稻草上（hit the hay），即睡覺前在地板上先鋪上稻草，然後再鋪上毯子，然後躺在上面睡覺。

在中世紀莊園裡，僕人通常會在大廳裡一起睡覺，只有領主和夫人會回到他們自己的房間。大多數僕人睡在簡單的棧板床上，基本上就是個木箱子，有時還有低矮床腳，可以輕易地從一個房間搬到另一個房間。家中成員、僕人和訪客可以隨時使用這些床。僕人、兄弟姐妹和訪客通常會在同一間房間裡睡覺，可能在同張床或相鄰的床上。這些靈活的床鋪裝置一直延續到十八世紀，當時的清單中不僅列出了低矮輪床，還有「能收進桌子底下的櫃子床」、「折疊的床」、「書桌床」以及「帶抽屜的床架」。[10]艾薩克・威爾（Isaac Ware）在一七五六年的建築著作中寫道，在倫敦的房子中備有隨時可以組裝供訪客過夜的臨時床架，是既方便且實用的。

枕邊密語

睡眠平等且脆弱的特性，以及黑暗的性質，意味著共眠提供了一個違反社會規範的機會。[11]主人或女主人與僕人之間的階級關係可能因而鬆動。艾薩克・海勒（Isaac Heller）在一八三六年出版的自白書《艾薩克・海勒的生活和自白》（*The Life and Confession of Isaac Heller*）中，講述他有時會因為害怕夜晚而和在他農場工作的「黑人」一起睡覺以尋求安慰，後來他因用斧頭殺害家人而被判絞刑。在父權社會中，女性可能會利用夜晚時段訴說感受，來自康涅狄格州的約翰・艾略特（John Eliot）在其一七六八年的日記中就抱怨妻子的「枕邊訓話」讓他通宵無法入睡，因她「翻起關於第一和第二任妻子、第一和第二個孩子等等的舊帳」。[12]

共眠還讓原本禁止的性關係能進行，包括未婚僕人之間、同性者之間以及主人和僕人之間。女主人有時會與女僕共用床鋪，以保護她們免受家中男性成員的騷擾。無論床上發生了什麼事情，僕人們通常都睡在主人床腳下。十七世紀新英格蘭人阿比蓋兒·威利（Abigail Willey）如果不想做愛時，就會將孩子放在床鋪中央。

然而，夜晚也可以帶來深厚的親密關係。在一些歐洲社區中，未婚異性年輕人被允許睡在一起，以評斷潛在契合度。這種方式被稱為「睡覺配對」（bundling）會在床中央放置被稱為「睡覺板」（bundling board）的隔板，而且絕對不可以發生性行為。這種做法仍然被如阿米什派的其中一個分支「Swartzentruber」等超保守團體所實行，他們允許男女一起睡覺，但要求他們衣著完整，不能接觸身體，並整晚交談。

共眠可以帶來連結和在黑夜中自由交談的樂趣。山謬·皮普斯非常喜歡和他人共眠，不僅是女人，還有他的柏拉圖式朋友。在其日記中，他經常以「然後上床睡覺」（and so to bed）結尾，而且根據交談技巧和在床上舉止對床伴進行評分。他最喜歡的床伴包括商人湯瑪斯·希爾（Thomas Hill），他可以談論「人生中大部分事情」；

約翰·布利斯班（John Brisbane）是位「好學者和嚴肅的人」；還有「歡樂的」克里德先生（Mr. Creed），是「極佳同伴」。[13]

共眠仍普遍見於許多社會。日本人稱之為「共寢」（soine），他們重視溫暖、舒適的身體體驗和提供的安心感。[14] 共寢在有幼兒的家庭中尤其常見。對安心感的最佳描寫為安全的親密，特別是指嬰兒睡在父母之間。視覺、凝視、認識熟悉的面孔——這些都增加了嬰兒的安全感和更好的睡眠。共眠的嬰兒與照顧者接觸、哺乳和呼吸，形成一種相互融合，即使醒來後，這種融合也會持續下去。

楊楊米床比起高床更適合共眠，它有幾個優點：隨著小孩長大，可提供更多睡覺空間，更為舒適，而且隨著家庭成員增加，可輕鬆地增加楊楊米的數量。楊楊米床讓人們在一起更加有彈性而且溫馨，而傳統雙人床則有明確的邊界，專為特定關係設計。白天時，楊楊米床可以收起來，也可以放在任何地方，不需要為不同家庭成員或客人安排不同的房間。共寢是一種超越床或楊楊米床的相互依賴的概念。日下部金兵衛（Kusakabe Kimbei）約於一八八〇年拍攝的照片《臥室的女孩們》（*Girls in Bed Room*），呈現兩個日本女孩睡在布滿刺繡的楊楊米床上。床邊有一本書，四周立著

《臥室的女孩們》。兩位睡在墊子上的日本女孩。日下部金兵衛攝影。

圖片來源：Chronicle/Alamy Stock Photo

滿是圖畫的屏風。兩個女孩面對著相機，閉著眼睛，看起來極幸福地滿足於彼此的陪伴。

與嬰兒共眠

然而，與嬰兒共眠可能會成為完全不同、甚至悲劇性的問題。英國劇作家班・強森（Ben Jonson）在他一六〇九年的《女王的化裝舞會》（*The Masque of Queenes*）中提到一名女巫說：「當孩子在夜晚熟睡時，我吸取了他的氣息。」[15] 嬰兒猝死症（SIDS），先前稱為嬰兒猝死（Cot Death），是我們給予發生在一歲以下兒童身上，大多數無法解釋的床上死亡事件的名稱，其中大多發生在午夜到早上九點之間。過去，睡著的父母壓到孩子讓其窒息是這些死亡事件的主要原因。舊約聖經中有一段話說道：「這婦人的孩子在夜間死了，因為她壓到孩子了。」古希臘醫師索蘭納斯（Soranos of Ephesus）說，為了避免嬰兒窒息，他們不應與照顧者共眠，而應放在床旁的搖籃裡，由母親或奶媽照顧。[16] 事實上，導致嬰兒猝死症的因素可能有很多，包括感染、基因異常、暴露於煙草煙霧中以及遭床上用品纏繞窒息等等，而且嬰兒仰睡已證實可以降低死亡率。然而，在我們試圖保護免受嬰兒猝死症的恐懼時，床被塑造成最大的惡魔或最偉大的救世主，這取決於每個人對共眠的立場。

美國兒科學會建議「同房但不同床睡」，指出同床共眠會讓嬰兒猝死症發生的風險提高百分之五十。英國國民保健署報告指出，喝母乳、年齡未滿三個月、父母不吸煙、母親沒有飲酒或使用藥物的嬰兒中，同床共眠讓嬰兒猝死症的風險增加了五倍之多。官方立場很明確：同床共眠可能會害死你的孩子。[17]

相較之下，生物人類學家詹姆斯．麥肯納（James McKenna）研究母子共眠後，認為共眠不僅安全，而且還是一個「生物必然性」，有助於促進孩子和母親的健康。他引用了三個流行病學研究，顯示共眠可以將嬰兒死亡風險降低一半。[18] 今日大多數非西方國家都認為母親的床是最適合新生兒的地方：它可以提供舒適感和方便哺乳，正如山謬．皮普斯所知，共眠能增強感情連結。然而，非西方母親與嬰兒共眠的情況也出現較高的兒童死亡率。這是不是不該與嬰兒共眠的原因？支持共眠的人認為，這種較高死亡率可能與貧困有關，而不是與共眠本身有關。他們說，唯一適當的比較是與日本相比，因該國富裕、高度工業化，幾乎所有嬰兒都與父母共眠，男孩甚至常會共眠到十歲。而日本是全球嬰兒死亡率最低的地方之一。

嬰兒共眠問題的辯論持續進行，但孩子們卻睡得香甜。不論是否同床共眠，歷史上都有為嬰兒設計的床鋪：吊床、吊籃、籃子和嬰兒床。這些床鋪可以移到照顧者附近，以便於孩子白天午睡。在西元七九年，當在富裕的羅馬海濱小鎮赫庫蘭尼（Herculaneum）附近的維蘇威火山爆發奪走人類生命時，一個嬰兒被留在了這樣的搖籃裡。在東方第一區（Insula Orientalis I）的房子裡的客廳，發現了像鳥類的骸骨，躺在一個似乎填滿樹葉的床墊上。十三世紀的歐洲手抄文獻稿裡搖籃的插圖數量遽增。嬰兒們通常被包裹在布條中，手臂貼在身旁，有時被綁在搖籃裡。這種束縛有雙重功效，一是避免罹患佝僂病（人們是如此認為），二是防止哭鬧。家庭成員可以輕鬆地伸腳搖動搖籃，邊做其他事情。上層階級家庭甚至雇用專門搖搖籃的保姆。

皇室嬰兒通常有兩個搖籃，一個白天用，另一個較小的晚上用，兩者通常都裝飾有金、銀和豪華紡織品。大多數搖籃都有實心的邊，也許還有小蓬罩或頂架，上面可以掛毛毯或簾子，這對保暖和防止「骯髒」新鮮空氣進入有極佳效果。搖籃的側面有凹槽，方便人們將其從一個房間移動到另一個房間。

到了十八世紀末，以布包裹和搖籃式睡眠逐漸不流行，因為讓肢體自由活動和新鮮空氣有益身心的觀念開始受到青睞。到了十九世紀初，固定式嬰兒床開始取代搖籃，尤其是在較富裕的家庭中。它們有高的邊緣，裝有橫木或柵欄，通常是用上漆金屬製成。其中一側可以往下移動，讓人可以很輕易地將嬰兒從小小的睡籠中抱起來。嬰兒床與將嬰兒放置於嬰兒房的新潮流相契合，孩子整日或整夜都被分隔放在嬰兒房中。儘管維多利亞時期中產階級的孩子不再和父母一起睡覺，但他們仍然會與手足共眠。然而，一種新的道德規範規定年齡較大的孩子只能與同性手足共眠，這意味著即使是小房子也應該擁有三間臥室：一間給父母，一間給女孩，一間給男孩。

在歷史上，這種區分是非常近代的概念，因為即使在十八世紀的英國，大多數房間都具有多重功能，隨著一天的時間而變化。儘管我們有時會發現被帷幔或帳幕包圍的古老床鋪，但這未必是為了隱私或阻擋可能的床伴；相反地，這樣的帳幕還具有其他實用功能，包括保持熱度或防止昆蟲進入。

英國奧克尼群島斯卡拉布雷遺跡的史前時代床鋪旁的柱子，可能曾搭著可拆卸的帳幕，這是在寒冷的蘇格蘭冬天保暖的必要品。與此同時，埃及皇后海特菲莉斯一世（Hetepheres 1）陵墓中發現的裝飾華麗的床，大約可追溯到西元前二五八〇至二五七五年，此床被一個巨大帳篷包圍，這是為了防蚊子而設計。帳篷是由可折疊的鍍金木桿框架製成，曾經搭著一塊作為蚊帳的精美亞麻布。此蚊帳不使用時，會被存放在一個鑲有半寶石的盒子裡。

數世紀後，一幅由顧愷之繪製的插圖展示了中國宮廷式的帳幕床：一個平臺上有四根柱子支撐著可能是用來防止蚊蟲入侵的布簾。跟埃及一樣，帳幕環繞著床，彷彿在一個房間裡再創造另一個小空間。在中國，床有時足夠輕巧到可以搬到室外。在這種情況下，帳幕可以讓人展示自己的絲綢，並為在床上的人遮蔽陽光。東漢的一首詩寫道[20]：

翩翩牀前帳，張以蔽光輝。
昔將爾同去，今將爾共歸。
緘藏篋笥裏，當復何時披。

床蝨與其他床上動物

帷幔床有時被嵌入牆壁中，還可以提供另一項用途：讓動物共享房間。自從人類居住在房子裡，就與動物共享空間，但我們並沒有考慮可能的影響。一位於一七八〇年代造訪赫布里底群島（Hebrides）的遊客聲稱，儘管人們會定期清理牛的尿液，但牛糞一年只清理一次。自古以來，寵物狗一直在皇家宮廷中出現，如今仍然在皇家宮廷中居住。中世紀的騎士們的雕像躺在大教堂中，腳邊有隻忠誠獵犬。十三世紀的法國國王路易十一（Louis XI）是位和藹可親的君王，他擁有一隻名叫 Mistodin 的心愛灰狗。牠不僅有自己的床，還有特製防感冒的睡衣。十七世紀時，英國國王詹姆斯一世（James I）迷上了獵犬，他的繼任者查理二世（Charles II）則以他的西班牙獵犬聞名。今天，伊莉莎白二世女王（Elizabeth II）擁有她著名的柯基犬，它們居住在白金漢宮的柯基犬房，而不是女王的床上。

十八世紀的凡爾賽宮充斥著狗。狩獵狗被養在室外，但其他的狗大多數都和主人一起睡，或在自己的特別坐墊上睡覺。拿破崙的第一任妻子約瑟芬皇后（Empress

Josephine）在夜晚時總是離不開她的狗狗們，牠們睡在喀什米爾披肩或昂貴地毯上，還會在床上撒上玫瑰花瓣以掩蓋狗兒排泄物的難聞氣味。

過去的人對清潔抱持不同的看法。穆斯林需要使用流動水進行定期沐浴儀式，而不是在靜止的水中沐浴，因為靜止的水被認為是骯髒的。相比之下，西方上層階級在十七世紀末之前很少洗澡。菁英階級的孩子可能要等到兩歲或三歲才洗澡。據說出生在一六〇一年的路易十三（Louis XIII），按照由醫生仔細制定和批准的特殊皇家時間表，在他七歲生日前不久才洗了第一次澡。人體的體液被認為具有保護作用，而過多的水則被認為有害人體。

然而，約在十五世紀時，一些歐洲評論家出於衛生和道德原因開始譴責集體共眠。蝨子可能是最令人害怕的床伴，因為牠們帶著沉重的社會污名。牠們是常見但難以解決的問題，唯一的解決方法是定期梳理、清洗頭髮和鬍鬚。專門用於捕捉和除去蝨子蛋和蝨子的細齒梳是必備個人物品。當考古學家探勘一艘沉沒的都鐸戰艦瑪莉玫瑰號（Mary Rose）時，他們發現幾乎每位溺水的水手都帶著一把梳子。

床蝨（Cimex lectularius）以人類的血為食。[21] 它的分類學名稱由卡爾．林奈

（Carl Linneaeus）命名，意為「床上的蟲」。床蝨可能源於中東洞穴中蝙蝠的寄生蟲，當人們開始在那裡露營後，牠們便改變宿主。床蝨化石可以追溯到西元前三五〇〇年，而隨著城市的增長和人口的密集，它們變得更為猖獗。法老阿肯那頓（Pharaoh Akhenaten）時期，位於底比斯下游的首都阿瑪納（El-Amarna）發現床蝨，可以追溯至西元前十四世紀；牠們早在西元前四〇〇年就深深困擾著希臘人。中國文人早在西元八世紀就在抱怨床蝨。

迷思持續蔓延。老普林尼的《博物志》（*Natural History*）約於西元七七年出版，主張床蝨有藥用價值，這種信念持續了數世紀。就連十八世紀的法國醫師讓．艾蒂安．蓋塔（Jean-Étienne Guettard）也推薦使用床蝨治療歇斯底里症。林奈本人曾宣稱床蝨能治耳痛。

最後證明床蝨沒有藥用價值，而消滅床蝨卻困擾床主數千年之久。人們嘗試使用各種有毒且危險的物質來滅蟲。英式方式通常是將衣物浸泡於鹼液中，即灰燼與尿液混合的液體，然後沖洗乾淨，但這種方式沒用。其他人則在房間裡四處撒欖木葉和塗上膠水的麵包片當作陷阱。一份一七四六年的廣告建議將「松節油」塗在床架和床蝨孳生之處。十八世紀的哲學家約翰・洛克（John Locke）則喜歡在床底下放上乾的腰豆葉當作驅蟲劑。燻蒸、火燒、燒泥炭的煙、甚至噴火槍、硫磺和用力刷洗都無效，直到一九三九年強效殺蟲劑ＤＤＴ的發明，才解決了床蝨問題。

ＤＤＴ在二戰時廣泛使用，效果非常好，以至於嬰兒潮世代長大過程中沒見過床蝨。然而，在發現它對動物，尤其是鳥類，具有致命性後，在一九七二年全面禁用。幾十年過去，床蝨又強勢回歸，數量龐大。現在我們又回到了古老的解決方法：丟掉受感染的床墊，洗床單和衣服，見到床蝨就捏死。但床蝨仍舊存在，甚至出現在最昂貴的飯店和房屋裡。牠們是睡眠者的噩夢。除掉牠們仍然是一個噁心、發癢和複雜的過程。

動物當床伴不一定是壞事。即使是今日，仍有許多西方人都和他們的寵物一起睡覺，而在中央暖氣系統出現前，這可能更為普遍。奧爾良公爵（法王路易十四的弟弟）的夫人，伊莉莎白・夏洛特（Elizabeth Charlotte）曾經說過，只有她的六隻小狗在床上才能讓她真正感到溫暖。

獨眠

儘管同床共眠的歷史悠久，這股趨勢在十九世紀末在主流歐洲和美國式微。十九世紀美國醫生威廉．惠蒂．霍爾（William Whitty Hall）熱衷在健康問題上說教，從咳嗽一路談到長壽，他將同床共眠的社會歸為「動物界中最卑鄙、最骯髒的物種，與狼群、野豬和蟲子一樣」。他告誡讀者，文明社會應該分床睡。然而，這種隱私觀念對許多西方以外的人來說並不是那麼重要。日本人甚至沒有描述隱私的詞彙，而是使用了英語「privacy」的音譯「praibashii」替代。

然而，在現代西方，柏拉圖式共眠只發生在少數非典型的情況下，例如在飛機上、監獄裡、露營時和長途帆船賽時；對年輕人來說，則是在寄宿學校和青年旅社，或者在睡衣派對上。即便如此，床本身也很少被共用。偶爾一張床可能會有多位睡覺者，但不會同時出現。一位南非朋友吉賽爾．舒赫（Gizelle Schoch）說她的許多朋友初次來倫敦時不得不共用床位：「這城市太昂貴了，所以通常沒有其他選擇。我記得一個有四張床的房子裡有十九個人在共用床位，但他們沒有一起睡覺，而是輪流使用床位。」[22]電影製片人約翰・赫伯特（John Herbert）說，他在一九九〇年代於阿拉伯灣和北海拍攝影片時，人們會在鑽油平臺和供應船上輪流睡在同一張床上。每張床位每二十四小時有三位指定使用者，按順序每人八小時輪流，並且永遠不會同時共眠。第二次世界大戰期間，潛艇船員經常進行輪床制度。在進行軍事行動時，輪床情況仍然普遍。

其他強迫同床共眠只出現在人們受到非人汙辱行為對待時，像是非洲奴隸擁擠地塞在殖民者的貨輪船艙裡，或在納粹集中營，囚犯睡在三層或更多層的床位上，每層床位都有數人共用。

二〇〇八年的電影短片《床伴》（*Bedfellows*）被認為是有史以來最可怕的兩分半鐘電影之一。內容是一位女子半夜接到一通電話，發現睡在她旁邊的不是她的丈夫，而是可怕的食屍鬼。這部短片幾乎和歌手肯伊・威斯特（Kanye West）於二〇一六年發布的《Famous》音樂錄影帶一樣令人震驚，內容展示了十二位名人裸體睡在床上，包括肯伊、唐納・川普、喬治・布希（George W. Bush）、美國女星金・卡戴珊（Kim Kardashian）和安柏・蘿絲（Amber Rose）等。[23]他們排成一排，睡在類似現代版的韋爾大床上，鼻息細微、身體發抖，微濕，令人感到不安。它傳達的訊息很清楚：對現代西方人來說，床伴的概念本身就是一場惡夢。

第七章　移動的床

君王大多數時間都在旅行。在皇家火車、豪華轎車和私人飛機還未出現的年代，他們必須展現自己的權力讓臣民看到，但風險可能很高。例如，許多人認為，因為古埃及是個長久延續的政治實體，被認為是個和平、穩定的王國——法老在這個寧靜王國裡，象徵著秩序和混沌之間的平衡並抵禦敵人。事實上，埃及是一個忠誠度相互衝突的國家，宮廷常常分裂成多個競爭派系；這是一個由省份、城鎮和村莊，以及強大教派支持的相互競爭的神祇組成的王國。法老透過精心監督的行政系統、宗教意識形態和軍事力量來統治這種複雜的競爭利益。這些現實情況使得君王和他的高級官員不斷四處奔波。他們前往主持慶祝太陽神阿蒙（Amun）和其他神祇的重要節日。他們乘船從領土的北到南，進行隆重的皇家巡遊。像新王國時期的統治者圖特摩斯三世

（Thutmose III，西元前十五世紀）和賽提一世（Seti I，西元前十三世紀初），這兩位法老是有野心的征服者；其他法老則滿足於管理他們所繼承的領土，或被迫防禦抵抗入侵者。無論他們偏好哪個，所有的法老都必須在民眾面前公開露面，因此得遠離他們的宮殿，這意味著他們睡覺時，離自己的臥室很遠。然而，法老必須睡在離地床上，於是他們選用摺疊旅行床。

旅行床

年輕埃及國王圖坦卡門（西元前十四世紀晚期）的墓穴裡，出土了已知最早的旅行床之一，也是最早的三折式旅行床。[1] 早期使用的是雙折床，這不意外，因為它們很容易製作。但圖坦卡門的旅行床呈Z形折疊，似乎是為他特製。這製作過程顯然是一連串的反覆嘗試，因為工匠在鉸鏈附近鑽了一些額外的孔洞，但從未使用。四隻木製獅型腿下方墊著銅合金製的鼓狀體，獅型腿上方則與木框架連接，而木框架上有著由三條亞麻布編織而成的墊子。這是一個精心製作的輕便小床，研究者西本直子

圖坦卡門的三折床。

圖片來源：© Griffith the Institute, University of Oxford

（Naoko Nishimoto）形容該設計「充滿詩意」。

平民旅行的方式簡單得多，他們通常只是一群群無名的勞工、士兵，船夫和石匠，為各種公共項目工作以換取口糧。有些是來自不同村莊的團隊，在農閒月份被招聘去建造金字塔。其他人可能一輩子都在不同的工作地點流動，順從地在嚴苛的環境中勞動。我們不太能知道他們睡在哪裡與怎麼睡覺。開羅附近的吉薩金字塔需要很多工人，因此一個大型的金字塔工人城鎮出現在這些巨大的紀念碑的南方，隱身於一堵高達十公尺的巨大石灰石牆後。埃及學家馬克・萊納（Mark Lehner）發現了一個廣闊城市遺址，其中包括工作坊、麵包房和一個作為軍營的複雜廊式建築。廊式建築群（The Gallery Complex）由四個睡眠平臺組成，帶有細長的木柱柱廊，支撐著輕質屋頂，面向大街。每個平臺可容納多達四十或五十名工人或守衛，靠著彼此擠在一起。[2]他們可能穿著衣服睡覺，或者用毯子包住自己。他們成團從村落移動到工作地點，只帶著些許個人物品，因為工地會提供基本生活用品。記錄員和監督員則住在更為堅固的房屋中。吉薩金字塔完成後，這個擁有數千人的金字塔城鎮漸漸縮小成為附屬於附近神廟的小村莊群。

古埃及工人睡在地上；現今世界各地數百萬的移動工人與旅人也是如此。對他們來說這沒什麼，因為睡在地上只需要羊毛織物、毛毯或自己的披風。當荷馬史詩中的英雄奧德修斯（Odysseus）的兒子鐵拉馬庫斯（Telemachus）拜訪國王墨涅拉俄斯（Menelaus）的宮殿時，就被安排在門廊睡覺：「海倫很快地吩咐女僕在門廊遮蔽處鋪床，鋪上深紫色薄毯當床，其上再鋪上一些毯子、厚重的羊毛長袍，成為上層溫暖的覆蓋物。」奧德修斯也在殺死潘妮洛碧（Penelope）的追求者之前，睡在自己的宮殿地上：「在地上鋪上一塊牛皮，再把羊毛鋪在上面，接著歐律諾墨（Eurynome）在他舒服地躺下後，立即在他身上蓋上毯子。」3

二十世紀的英國探險家威福瑞·塞西格（Wilfred Thesiger）熱愛旅行，對傳統也有著近乎神祕的熱愛。他大部分的人生都在諸如撒哈拉的提貝斯提山脈（Tibesti Mountains）和阿拉伯半島上的魯卜哈利沙漠（Empty Quarter）等偏遠地方度過。塞西格總是輕裝旅行。當他在伊拉克南部與沼澤阿拉伯人（Marsh Arabs）一同生活時，他用毯子和布包裹著自己睡在濕地上，無視周圍群聚的蟲子。在沙漠中，他感覺到「與過去和諧」，在空間和寂靜中旅行，像「無數代穿越沙漠的人」，仰賴駱駝和自身技能。塞西格也曾在中亞山區旅行。一九五六年，他遇到另一位著名的旅行家埃里克·紐比（Eric Newby）和一位朋友，並邀請他們一起住宿。當他看到另外兩人在吹充氣床墊時，他不得體地評論說：「你們一定是一對同性戀」。[4]另一位歐亞旅行家，來自美國的歐文·拉鐵摩爾（Owen Lattimore），於一九二〇年代隨蒙古駱駝商隊旅行。他對游牧民族對於牲畜和看似單調的地景生態的知識感到驚嘆。除了貿易商品外，駱駝還攜帶了駱駝伕的食物和茶水。拉鐵摩爾習慣了在夜晚隨時拆營，吃手邊有的任何食物與睡在「我能躺下之處」。對於窮人來說，數千年來，床就是他們身處之地，這對勇敢的旅行者來說亦是如此。[5]

床過去是繁複笨重的家具（現在仍是），這意味著只有富人才能擁有個人攜帶式床——無論是因為它們是精巧華麗、法老的折疊床，還是因為有僕人可以搬運。現代化之前的皇室倉庫備有大量的床，有用於軍事戰役的折疊營床，以及其他用於外交場合的床，這些床明顯被設計成供他人觀賞與讚賞。這些床可以折疊，但其結構與裝飾仍然可以是華麗的，配有帳幕、帷簾和其他通常在固定床可見的附屬物，由此展示使用者的財富。

著名的金帛盛會（Field of the Cloth of Gold）或許是移動式睡眠場所中的極致。這個精心設計的帳篷營地建在加萊（Calais）以南，為一五二〇年六月七日至二十四日期間英王亨利八世（King Henry VIII）和法王法蘭西斯一世（King Francis I）之間的會議而設。亨利在他的營地建造了一個以磚頭基底、帆布和木框牆所組成的宮殿複製品。兩位君王試圖透過展示引人注目的臨時建築、宴會和長槍比武活動來超越對手。帳篷與其家具，還有皇室床鋪都用絲綢和金線織成的布料裝飾（此會議就是因為這些「黃金織物」而得名）。這場戶外會議是一場精心策劃的奢華外交競賽，兩國君王彼此較勁，甚至包括他們豪華的床鋪。[6]

雖然很少有場合需要如此豪華的展示，但許多富人會在旅行時攜帶精美的睡床。英格蘭北部的斯托克波特博物館（Stockport Heritage Service）擁有一張約可追溯至一六〇〇年的旅行箱床。這是一件奢華的物品，配有一組用來爬上床的梯子、兩個能上鎖的假髮盒和兩幅夫妻塑像的雕刻，顯示這可能是一份婚禮禮物。擁有這樣的床就可以不用與陌生人或他們的寄生蟲共用床鋪。日記作家約翰·伊夫林（John Evelyn）回憶說，他曾經在瑞士勒布沃雷（Le Bouveret）的一間旅店裡睡了陌生人的床，因為感到「極為困倦」所以沒有換床單，結果他「很快就為此付出昂貴的代價，得了天花」。[7]

移動的軍隊

古代士兵在行軍或上戰場時也是睡在地上。皮製帳篷很常見，摺疊成片後用騾子運送。帳篷組（conturbernium）占地約二．九六平方公尺，可容納多達八名士兵。更大的帳篷供百夫長（centurions）使用，同時也被當作他們的辦公室。官員有更大的住處，需要數匹騾子來運送。羅馬堡壘和駐地的生活組織緊密。軍營裡，士兵住在長形區塊裡，分成小隊房間與側邊的百夫長套房。一個小隊有八名士兵，一個區塊總共有八十名士兵共眠，可能睡在簡單的上下鋪床位。官員的住處較為舒適。自從凱撒大帝的時代，或者更早，易於打包的行軍家具就是高級軍官的裝備之一。這些行李使軍隊移動受到極大的限制，以至於十八和十九世紀的軍隊難以快速移動。科林．坎貝爾爵士將軍（Gen. Sir Colin Campbell）在一八五八年印度民族起義之後離開勒克瑙

（Lucknow）時，行李列車長達三十公里。根據《泰晤士報》的威廉・霍華德・羅素（William Howard Russell）所說，將軍的行李包括「各種類型的床，從四柱床到帳篷床」，以及足以裝滿一個小房子的家具。這樣大規模運輸深具戰略危險性，英國人直到十九世紀末在波耳戰爭（Boer War）中經歷高度移動性的戰鬥後，才學到這個教訓。

坎貝爾的士兵可能睡在「四腳床」上（charpoys，源自波斯文 chihar-pai，意思是「四腳」），這種床早在印度民族起義之前就在使用了。十四世紀的摩洛哥旅行家伊本・巴圖塔（Ibn Battuta）滔滔不絕地描述印度的四腳床：「印度的床非常輕巧，一個人可以攜帶一床，每個旅人都應該有自己的床，由奴隸扛在頭上。這床由四隻錐形床腳與四根橫桿組成，中間用絲綢或棉布編織成帶子，躺上去會感受到床很有彈性。」[8] 在十九世紀末的殖民戰爭中，錫克士兵也將四腳床帶到蘇丹。

與印度士兵不同，歐洲軍隊大多睡在地上。軍用行軍床只在極少數情況中保留下來。喬治・華盛頓（George Washington）的遠征裝備包括帳篷、餐具和摺疊床。當他從紐約州紐堡（Newburgh）的總部北行到軍事基地時，他使用的是一張帶有可

印度拉賈斯坦邦的老人，在椰殼纖維織成的四腳便床上休息，這是一種有床腳與編織睡眠平臺的攜帶式便床。

圖片來源：Dinodia Photos/Alamy Stock Photo

折疊金屬框架和薄床墊的折疊床。另一張保存在他的維農山莊裡的摺疊床則巧妙地加上鉸鍊以便運送。在滑鐵盧戰役前夕，威靈頓公爵（Duke Wellington）和拿破崙（Napoleon Bonaparte）睡在距離彼此不到六公里的躺椅上，兩張躺椅都很樸實。威靈頓公爵躺在他的傳記作者、朋友和戰友喬治・羅伯特・格雷格（George Robert Gleig）後來描述為「沒有床簾、罩著褪色的綠色絲綢床罩的行軍床上」。[9] 威靈頓公爵不追求舒適，他在一八五二年於肯特郡的沃爾默城堡（Walmer Castle）過世時也是在同一張床上。拿破崙皇帝在滑鐵盧戰役前夕睡在一張可摺疊的行軍床上，該床使用獨特的球形接頭，因此可以沿著長度和寬度摺疊。六個裝有輪子的腳支撐著床架，斜紋布製成的床墊則用銅和鐵鉤子固定在床架上。摺疊床被放入堅固的皮箱中搬運。皇帝和高級軍官都使用這種行軍床，有些附帶帳幕，有些沒有。拿破崙非常喜歡他的床，就像威靈頓公爵一樣，他於一八二一年流亡於聖赫勒拿島（Saint Helena）時在該床上過世。[10]

一些軍用行軍床的使用壽命很長。在西班牙半島戰爭（1808–1814），第四十二步兵團（黑衛士兵團）的J・馬爾康（J. Malcolm）中尉使用的床是以輕質金屬為框

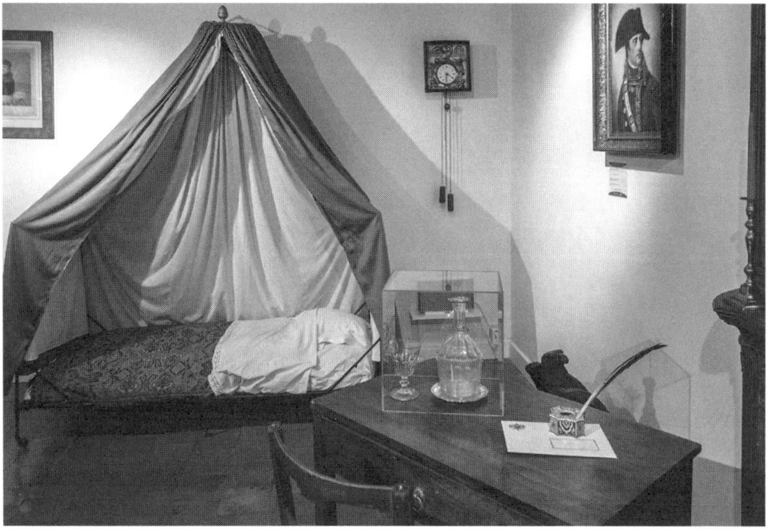

今日博物館展出 1815 年滑鐵盧戰役前夕，拿坡崙在指揮部的行軍床與寢室暨書房的內部陳設。

圖片來源：Arterra Picture Library/Alamy Stock Photo

架，頂部是由兩張以繩子繫起的帆布組成，此床可摺疊放入箱子裡。他的孫子也在黑衛士兵團服役，在一八八二年H．H．基秦拿爵士（H. H. Kitchener）領軍的埃及戰役中，睡在同一張行軍床上。現在這張床在黑衛士兵團博物館裡展示。

「野性」假期

將露營當作休閒，而非征服自然的活動，於十九世紀末到二十世紀初在英國及其他地區變得流行，部分原因是源自於一八七二年創立的基督少年軍（Boy's Brigade）以及由羅伯特．貝登堡（Robert Baden-Powell）將軍於一九一〇年創建的童軍運動（the Scout movement）。這兩個組織皆強調戶外生活，以及人格發展與自然的關係。貝登堡更是位戶外運動狂熱者，甚至下雪時也會睡在屋外延伸的開放式露臺上的床上。由於童軍運動的興起，休閒露營成為逃離繁忙城市生活的方法。勇敢的探險家和傳教士在偏遠地區旅行，在充滿異國情調的地方搭營，這樣鼓舞人心的故事更增加了露營的吸引力。露營提供了「野性」假期，以及享受陽光和風、曬黑臉龐與手腳的日子。這種新的熱衷與工業化世界對溫和風景、柔和鄉村和「墮落之前的伊甸園」的懷舊幻想同時出現。首次，露營床成為主流，因為伊甸園般的自然不一定是不舒適。

總是井井有條的沃倫·米勒（Warren Miller）是《野外與溪流》（*Field and Stream*）雜誌的總編輯，他在一九一五年出版的書籍《露營技藝》（*Camp Craft*）中，提到各種更為精緻的露營床，提到它們可以折疊成「一個長三十六英寸，寬八英寸的包裹」。戶外用品商亞伯克朗比（Abercrombie）提供了木條床的改良版，它由卡其布和羊毛毯組成，表面有一排讓木棍穿透的口袋，床本身可捲成一個重約二·七公斤的包裹。根據米勒的說法，和家人一起露營的女士們「無法忍受來自硬草木床墊、繩床等帶來的不適感」。[11]

人們躺進毯子或斗篷裡睡覺，或睡在墊子和地毯上，但無論在哪裡鋪放，最合理的旅行寢具至今仍然是睡袋。現今這些睡袋是羽量級輕盈，便於攜帶且提供保暖隔熱的被子。現代露營業界提供適用於各種不同溫度和天氣情況的睡袋，甚至有所謂的木乃伊睡袋，包括一個為睡者頭部保暖的罩子。再加上當作防水層的露宿袋，就擁有了在野外進行極簡主義露營或野外健行所需的所有物品。精密科技已將一九六〇年代的簡單睡袋變成一個近乎量身訂製的睡眠場所。

睡袋不是由某個人所發明的。一八五〇年代的德國農民使用填滿乾葉、乾草或稻草的亞麻布袋。十九世紀的法國山區巡邏隊員攜帶內裡鋪滿羊毛的羊皮袋，可以捲起用背帶攜帶。一八六一年阿爾卑斯山探險家法蘭西斯・福克斯・塔可特（Francis Fox Tuckett）測試了一種帶有防水橡膠底墊的信封型睡袋。這種基本的睡覺設備通常是開放式、適合單人的袋子。來自威爾斯生產羊毛與法蘭絨的紐頓城（Newtown）的企業家普萊斯・普萊斯—瓊斯（Pryce Pryce-Jones），將睡袋引入國際市場。他開發了「約克里沙睡毯」（Euklisia Rug，希臘語 eu 意思為「好的」，而 klisia 意為「小床或睡覺的地方」），這是一條近兩公尺長的羊毛毯子，頂部側邊有一個袋子，可以放充氣橡膠枕頭。人躺進去後，可以把毯子蓋在身上保暖。[12]

普萊斯—瓊斯十二歲時在紐頓的一間布店當學徒，後來接管了這家店，他意識到郵件和鐵路網絡的潛力，於是發行了世界上第一份郵購目錄。他賣出六千條約克里沙睡毯給俄羅斯軍隊，這些毯子用於一八七七年俄土戰爭期間的保加利亞普列文（Plevna）之圍。當城市被攻陷時，俄羅斯人取消了其餘的訂單，導致普萊斯—瓊斯手中有一萬七千條未交付的毛毯。他將剩餘毯子加到他的目錄中，將其當作便宜寢具用品販售給協助貧困者的慈善機構。此種睡毯變得非常受歡迎，連英國軍隊也採用，而且澳大利亞荒野的旅行者也廣泛使用之。可惜的是，最早的約克里沙睡毯沒有被保存下來，但在二〇一〇年，英國廣播公司（BBC）委託製作了一份原版的複製品，然後捐贈給普萊斯—瓊斯故鄉的博物館。

睡袋對於前往北極和南極的旅人來說具有明顯的吸引力。在一八八八年滑雪穿越格陵蘭之前，挪威探險家弗里喬夫·南森（Fridtjof Nansen）和五位朋友曾與拉普蘭人（Laplanders）和因紐特人（Inuit）住在一起，觀察他們如何適應極端寒冷氣候。他們的房東睡在海豹皮毯子下面，因此南森用海豹皮毯縫了一個可容納三人的睡袋。一年後，挪威的填料製造商 G. Fuglesang AS 公司，推出了南森睡袋的商業版本。這些睡袋逐漸演變成木乃伊形狀的版本，其中一些還帶有手臂和腿。一九〇二年，羅伯特·史考特（Robert Scott）船長率領的南極探險隊採用馴鹿皮製成的睡袋，但由於英國探險隊依賴人力拖曳，身體會大量出汗，躺進睡袋時，身體上的水氣會導致睡袋結凍成冰，不利於保暖，也不好收。

史考特的競爭對手，挪威探險家羅阿爾・阿蒙森（Roald Amundsen）仔細觀察因紐特人和拉普蘭人的傳統做法，效仿他們穿著寬鬆的毛皮服裝，既高效且具保護作用。他們也幾乎完全仰賴雪橇狗拖曳，行進安全且速度更快。現今的合成填充物不吸收水分，即使完全浸濕也容易乾燥。它們的競爭對手羽絨重量輕，保溫性更好，但必須保持乾燥。睡袋現在幾乎成為旅行床的普遍選擇，以至於我們忘記直到第二次世界大戰，美國只發放一捲毛毯和一塊地墊給士兵。

普萊斯－瓊斯提出約克里沙睡毯專利後十三年，美國麻薩諸塞州雷丁（Reading）氣壓床墊和靠墊公司（Pneumatic Mattress and Cushion Company）推出了第一款商業充氣床墊。它看起來很像放在游泳池裡用的那種充氣躺椅，但最初這是為了代替大西洋蒸汽船上使用的毛絨床墊而開發。充氣床墊有許多優點：它們很容易放氣和收納，至少在理論上可以作為救生艇。對於住在日益擁擠、空間有限的城市公寓裡的居民來說，更是理想選擇。氣壓床墊和靠墊公司的廣告宣稱充氣床墊中沒有蟲子或細菌，不需翻轉，無氣味，永遠不會變潮濕發霉。易於清洗的床套保護著充氣囊。有三種尺寸：半尺、四分之三尺和全尺寸，價格從「二十二美元起」，包括充氣泵和床板。甚至還有三十天的試用期，如果不滿意可以全額退費。

其實，早在十六世紀，法國家具裝飾商威廉・德夏汀（William Dejardin）就開發出一款由塗了蠟的帆布製成的可充氣「風床」。充氣床的概念已出現，但是帆布床漏氣的速度太快，所以並未流傳下來。三百多年之後，美國拓荒者瑪格麗特・芬克（Margaret Frink）與丈夫在一八四九年的淘金熱潮中，從印第安納州前往加州。她在日記中寫道：「我們有一塊印度橡膠床墊，可以充氣或注水，成為非常舒適的床。白天時，我們可以放掉空氣，減少很多佔用空間。」[13]

今天，你可以購買帶有內建充氣泵與快速排氣閥的充氣床，並根據是在室內還是嚴酷旅行環境中使用，選擇合適的版本。終極版本可能是荷蘭設計師加納普・瑞傑森納斯（Janjaap Ruijssenaars）的夢幻「懸浮床」。你可以睡在離地面四十公分的床上，床內和地板上配有成對互斥磁鐵，可以承受近一公噸的重量。但這不是旅行床。而且它的價格高得驚人，二〇一九年時大約是三萬美元。

移動家具

除了旅行之外，人們經常需要在房子裡移動床鋪。在房間沒有明確單一作用之前，這很正常。中世紀的棧板床和南亞的四腳床可以放在屋內任何需要的地方。人們離開地面睡覺的時間有多久，這些床就存在多久。大多數現代巴基斯坦家庭仍然擁有四腳床。它們確實是多功能、具機動性的家具，能在生活各方面提供協助。婦女和朋友與家人聊天時會用到；它能當作婚禮床，上下裝飾著花朵；作為協助分娩的床；用來懸掛裝有嬰兒的搖籃；用作曬乾衣服或香料的架子。男人可能會把它們用作發表演講的講臺，或作為非正式的交談場所。小孩可以兩人一起輕易地把它們移到房子裡的任何地方——搬到陽臺上或搬到屋頂睡覺用。當用於睡覺時，四腳床通常會罩著蚊帳，但一張特定的床不一定屬於某個人。巴基斯坦旁遮普省的城鎮德拉・加齊・汗（Dera Ghazi Khan）的人民將四腳床發揚光大，創造出被稱為「khatt」的超大號版本。每張四腳床可同時容納二十四個人，它被當作集會場所：是假日或傍晚時分，朋友聚集閒聊八卦的完美場所。

不同版本的普通（單人）四腳床在古埃及、美索不達米亞和古希臘出現過，但只有基本印度版流傳至今。四腳床輕便，易於使用纖維或棉條製作，被廣泛用於蘇丹城鎮和村落，以及亞洲各地。

中國農村地區許多人睡在編織繩床上，基本上是一個木製框架，用繩子編織緊密形成稍微有彈性，但仍然相當堅實的睡墊或毯墊平臺。它們輕巧，便於攜帶，常常成堆疊在簡陋旅館裡。這些床輕巧而多用途，可能永遠不會過時。

網狀的床

其中一種最簡單的床，如果你能稱它為床的話，源自美洲：吊床。這種非凡製品隨著西班牙征服者返回，抵達歐洲。哥倫布於一四九二年寫到，每天都有許多印第安人來到他的船上，想用棉花和吊床（hamaca，西班牙語），即「他們用來睡覺的網子」，交換貨物。在這筆記進入史料之前，吊床在中南美洲已經使用了許多世紀。西班牙的「hamaca」一詞，源自於阿拉瓦克族（Arawak）和泰諾族（Taino）印第安語

「hamaka」，意為「一段布」，它實際上是一種以織物做成的網狀或繩狀的床，懸掛在兩個固定點之間。在中南美洲的叢林中，吊床有很大的優勢。它們輕巧便於攜帶，可以在兩棵樹之間幾乎任何地方設置，而且非常舒適。最重要的是，它們可以保護使用者免受螞蟻、蛇和昆蟲叮咬以及傳染性疾病的侵擾。吊床成為新發現的美洲的長久形象。一幅由法蘭德斯巴洛克版畫家西奧多・加勒（Theodoor Galle）於一六三〇年創作的知名版畫，描繪了探險家亞美利哥・維斯普奇（Amerigo Vespucci）喚醒一位美麗的印第安女子，她驚奇地從吊床中起身。

吊床從來都不是耐久製品。它們容易製作，也容易丟棄或遺失。這意味著我們幾乎不瞭解它們在哥倫布之前的歷史，但據說它們早於西班牙征服約一百多年，從加勒比海來到了猶加敦半島（Yucatán）。據我們所知，它們在馬雅文化與神話中並不是很重要，但在歐洲人到來之前，它們在亞馬遜森林中已相當普及。

在哥倫布帶回歐洲之前，歐洲人並不知道吊床是被當作旅行床使用，雖然棉質吊帶有時被用作車廂座椅。它們最初的主要用途是在海上：大約在一五九〇年時，吊床在帆船上嶄露頭角，並於一五九七年被英國皇家海軍採用作為水手的睡床。它們非常適合在有限空間中使用，能隨船搖晃而搖擺，而且非常舒適。在狂風巨浪中，不用擔心有掉下床的危險。吊床可以緊緊捲起綁好，收納在一旁，並疊放入船隻甲板上的網袋中，也可以在戰鬥中提供額外保護。即使緊靠在一起，吊床也提供了一個像繭一樣的睡眠空間。那些在戰鬥中死亡或死於海上的人，被裹在他們的吊床裡埋葬。叢林戰爭的需求導致美國陸軍採用了帶有蚊帳的吊床，例如二戰期間在緬甸等地。美國海軍陸戰隊在新不列顛島（New Britain）和其他潮濕、蟲子多的太平洋島嶼上使用吊床，他們甚至在狹窄戰壕中懸掛吊床來躲避炮火。美國人和越南共產黨也在越戰期間使用吊床。吊床甚至曾到太空旅行。阿波羅計畫期間，登月艙裡就配備了吊床，供太空人在進行月球漫步任務之間睡覺。

現今，吊床產業非常龐大，尤其是在中美洲，吊床不僅出現在臥室，也經常出現在客廳和陽臺上。它們通常是以織布機編織而成，這是猶加敦半島的一項重要工藝。每年十一月，聖薩爾瓦多（San Salvador）會舉行一年一度的吊床節，工匠們會賣出數百個色彩繽紛的編織吊床。吊床也非常適合用來當嬰兒床：它們能彎曲，貼合孩子的脊椎，能自動輕搖安撫躁動的嬰兒，而且可以安裝在任何地方。

臥鋪與露營車

數千年來，旅人通常是獨自旅行或是小團體旅行，除了軍隊或艦隊之外。行進在顛簸道路上的馬車旅行是種煎熬，乘客們必須相當靠近地與他人共用空間。例如，一八一五年時，某位少校寫道：「嘗試入睡卻徒勞無功，頭不斷撞到側板，肩上則靠著一位在打呼的農夫。」[14]他抱怨著雙膝受限、馬車夫號角聲不斷，還有對面坐著的「老處女」的凝視。接著，鐵路大眾旅行開始出現，將城市和鄉鎮緊密相連。鐵路旅行可以長達數天，這意味著人們必須在火車上睡覺。起初，乘客們在座位上睡覺，通常是不考慮舒適性的硬質座椅。臥鋪車廂在一八三〇年代首次出現在美國，配有二十四張床，白天可以轉換成乘客座椅，但還是不怎麼舒適。

在美國，一個名字成為了文明鐵路旅行的代名詞：喬治・莫蒂默・普爾曼（George Mortimer Pullman）。[15]普爾曼是車廂製造商和工程師，他以使用螺旋千斤頂將芝加哥的建築物抬升高於水平線以上而聞名。在經歷一次非常不舒服的火車旅行後，他決定為芝加哥和阿爾頓鐵路公司（Chicago and Alton Railroad Company）設計臥鋪車廂。他把下層座位上鉸鏈，用繩索和滑輪將鐵製上層臥鋪固定於車頂上。新型車廂並不成功，於是四年後普爾曼設計了他稱為先鋒號（the Pioneer）的列車，車廂比之前的更寬更高，並配有橡膠彈簧來減緩顛簸。在日間，先鋒號看起來像一輛豪華而傳統的列車，但當黑夜降臨時，它成為一輛雙層行動旅館。折疊座椅與上層臥鋪的結合讓列車變成臥鋪列車。受過特別訓練的行李員會前來安裝隔間與鋪床單。這種車廂對鐵道乘客的舒適度，展現出前所未有的關注。普爾曼的臥鋪車廂為林肯的葬禮列車提供服務而大大增加了知名度，並很快就進入商業運營。到了一八六七年，他在三條鐵路上營運近五十輛車。在美國鐵路鼎盛時期，有幾列全為普爾曼車廂的列車，包括紐約中央鐵路的「二十世紀特快車」（20th Century Limited）。

躺在火車上的床上總是帶有著一種浪漫氛圍。儘管不是很舒適，但許多旅客認為倫敦到蘇格蘭之間的夜間旅行有種異國情調的冒險魅力。在傳統的英國臥鋪列車上，床鋪狹窄且短，對身高較高的人來說很不舒服。如果你腰圍較大，翻身時可能會不小心摔到地板上。但相較於傳統法國臥鋪六個陌生人在狹窄空間內共眠，英國臥鋪舒適很多。在許多國家，尤其是印度，臥鋪仍然很常見，其中基本臥鋪車廂沒有空調，每個車廂橫排有三張臥鋪，另兩張臥鋪面向走道。最豪華的臥鋪在商務車廂，那裡臥鋪寬敞、鋪著地毯且提供寢具。商務臥鋪區通常有八個包廂，其中兩間是給夫妻的。

今天，臥鋪的世界中沒有任何車輛能與東方快車（Orient Express）相媲美，它是鐵路豪華旅行的極致典範。一八八三年，國際臥鋪車公司（Compagnie Internationale des Wagons-Lits）打造東方快車，成為從巴黎到東方各地，最終抵達伊斯坦堡的豪華旅行標誌。東方快車的路線這些年來改變很大，一九八二年時，它的經營權轉移到了私人公司手中，成為威尼斯新普倫東方快車（Venice Simplon-Orient-Express），並將一九二〇和一九三〇年代的車廂翻新使用。在二十一世紀初期，你可以坐在雙人包廂中旅行，包廂裡面配有一張舒適的長沙發，可變成普爾曼式一上一下的臥鋪床。乘坐這列火車的旅行像是回到阿嘉莎・克里斯蒂（Agatha Christie）不朽推理小說《東方快車謀殺案》（*Murder on the Orient Express*）的世界，但（希望）不要出現故事裡的情節就是了。

露營車（簡稱ＲＶ）是鐵路臥鋪車的延伸。[16] 第一批露營車約於一九一〇年左右出現在加拿大和洛杉磯，基本上是改裝過的汽車或拖車後面拉著汽車。它們看起來就像是拖著小房子的拖車。第一款真正的露營車是皮爾斯・艾洛（Pierce-Arrow）公司生產的蘭道旅行露營車（Touring Landau），它有可折疊成床的後座、尿壺式廁所和在駕駛座背後可以折疊收納的水槽。駕駛透過電話與乘客溝通。在隨後幾十年，汽車露營變得越來越受歡迎，部分原因是國家公園受歡迎的程度日益增長。起初，公園遊客大多在路邊搭帳篷露營；後來出現一些拖車，車上備有旅行用折疊床和帳篷。許多人把錫罐焊接在散熱器上，用來加熱食物。一九六七年，沃尼貝格（Winnebago）公司開始大量生產備有冰箱、煤油爐和甚至是特大號床的露營車。截至二〇一九年，美國和加拿大有超過八百萬家庭擁有露營車，而且他們會開著露營車去度假。還有四十五萬人整日以車為家，開車到四處。

如果臥車旅行具有奇特吸引力，那麼在客機上睡覺就是另一回事了。我們大多數人都非常熟悉狹窄的經濟艙座位、狹窄的腿部空間和動來動去又會打呼的鄰座乘客。很少有人坐過阿聯酋航空公司（Emirates）巨型空中巴士 A380 的頭等艙，那裡配有一張雙人床和私人淋浴間。次級頭等艙（甚至某些商務艙）的體驗包括可以平躺的折疊座椅，通常足夠長但太窄，無法容納你的手肘。相較於昔日的艙內床鋪，平坦座椅相差甚遠，當時雙層波音同溫層巡航者（Boeing Stratocruisers）和洛克希德星座（Lockheed Constellations）飛機有足夠空間提供上下鋪床位，配備床墊、床單、閱讀燈、窗簾，有時甚至還能在床上享用早餐。就許多方面而言，這是一種在商業航空飛行客人能負擔得起頂級票價的時代中，試圖複製鐵路臥鋪的努力。然而，睡眠並不那麼愉快。你睡在其他乘客的上方或下方，其中許多人喝了太多免費酒精飲料，而預定（如果有的話）禁煙區的乘客很快會發現，整個機艙的空氣品質是一樣的。你時常得在越來越喧鬧的派對聲中入睡。隨著同溫層巡航者之類的飛機被時尚的噴氣式客機和大型客機取代，床鋪隨之消失，取而代之的是效率——盡可能擠入更多乘客的機艙——奢華不再是主要考量。

儘管經過了幾個世紀的實驗，我們仍未能離開躺在地上或使用狹窄露營床的睡覺方式。我們裹在毛毯中或睡在睡袋裡。不過，多虧了太空時代科技進步，寢具乾得更快，露營床也更為輕便。但床，縱使是終極精華版，仍是臥室的一部分。

第八章　公開的寢室

在中世紀歐洲，幾乎每個人都睡在稻草上，或者裹著斗篷直接睡在地上，或是在麻袋裡填滿稻稈，再鋪上獸皮或毯子。他們通常為了取暖而相互緊擁，靠近爐火，並住在與動物共同生活的集合房屋裡。你可以「自己鋪床」，也就是將一個袋子裝滿稻草。地主家中較重要的成員可能睡在通常附於主屋牆面，或嵌於牆凹陷處的側室。窗戶沒有玻璃，臥室會有風吹入，而且衛生設備簡陋。只有最重要的領主才有離地床架，就像神話故事裡的丹麥國王貝奧武夫，他睡覺時周圍會有「許多海上勇士蹲伏在他的床旁」。

比起在一〇六六年征服英格蘭的諾曼人，貝奧武夫的人民顯得較不文明。諾曼人更注重舒適，他們所建造的房屋中，領主會睡在既是臥室又是會客廳的房間。從貴族到農民，各階層的人都能在此受到接見，甚至還有機會得到相應的獎賞。這樣的房間成為後來歐洲正式皇家臥室的原型。

臥室法院

到了十二世紀，大多數的歐洲皇室分成三個部分：禮拜堂、大廳，以及統治者睡覺的臥室。在英國，宮務大臣掌管皇家臥室，每天在此侍奉國王。由於國王受到嚴密保護，臥室成為保管貴重物品的安全之地，就是當時的國庫。由此逐漸演變成衣櫥，是存放衣物之處，而且如果有流動水的話，也可以在那沐浴清潔。同時還有作為廁所的私人空間，內有定期清理的桶子。

在亨利三世統治時期（Henry III, 1216–1272），英格蘭位於倫敦西敏市的主要皇宮中的繪廳（Painted Chamber）兼具接見和臥室功能。這個房間長二十四公尺，寬七．九公尺，高九．四公尺，裝飾著描繪美德和罪惡的壁畫，或像所羅門王這樣保護沉睡中的國王的聖人畫像。[1]不幸的是，這間相鄰於現存的大廳（Great Hall）的非凡房間在一八三四年遭到大火燒毀，但其內部細節有被完整記錄下來。亨利三世大肆花費在他和皇后的臥室上，引起被過度徵稅的臣民不滿。他的繼位者愛德華一世（Edward I, 1272–1307）讓倫敦塔的臥室窗戶安裝上玻璃，以減少對流風。到了這時期，皇室床鋪相當舒適。詩人喬叟（Geoffrey Chaucer）二十四歲時在國王寢宮擔任侍從。他負責的工作中有一項是幫愛德華三世鋪「羽毛床」，放上「許多枕頭」和柔軟布料讓國王睡在其上。喬叟一直深得皇家寵愛。他的詩人聲望日漸增長，並晉升更重要的職務，國王在一三七四年授予他每日一加侖紅酒的津貼。

床在皇宮和其他大型建築物的居家物品清單上佔據重要位置。最好的床有著豐富華麗的裝飾，王室成員睡在上等絲綢床單上，上面飾有紋章符號和其他象徵性圖案。家庭文件以及遺囑都記載了床是所有私人財產中最珍貴的物品之一。床成為皇室的象徵似乎是不可避免的，它是君主審判裁決時坐著的舞臺，即國家床。

法國國王維持在床上開庭的悠久傳統。在法王路易九世（Louis IX, 1214–1270），亦稱聖路易的統治時期，一本談論正義的書籍宣稱，皇家床應該一直是國王進行審判之地。約五百年後，十七世紀法國作家馮特奈爾（Bernard Le Bovier de

Fontenelle）指出，「正義之床即正義入眠處」。[2]在他的時代，皇家床放在一個有七級臺階的高臺上，國王或坐或躺在其上。床邊高級官員站著，次級官員跪著。圍繞在君王周圍的階級制度始終明顯可見。

「皇家床榻」（lit de parade）是指君王在正式場合展現自己的場所，他會穿著華美禮服，身旁伴隨著按階級排列的朝臣和高級官員，每個人都在自己的位置上。這在君王身體健康時進行是很好的。正式的皇家床榻高出地面許多，所以不利於治療病人。君王可能會在疾病末期時待在較為簡樸的低平輪床上，但當死亡臨近時，官員們會急忙將他移到皇家床榻，讓他在正式的場合去世。剛逝世的君王經過精心梳理和化妝後，躺著接受公開瞻仰（「lie in state」原指躺在皇家床榻上），民眾則排隊觀看這一場景。當繼位者登基時，通常會從設置於鄰近大主教宮殿的床上下來，開始加冕儀式。在大多數人為文盲，視覺形象至關重要的時代，王權在生死時刻不停展現。

皇家床榻通常由欄杆保護，普通人無法靠近。總會有位特別指派的警衛在場。皇家床榻與君主都有種神性氛圍。狗被嚴格禁止接近，除非是皇室寵物，其中一些還被訓練為暖腳爐。

低矮輪床在皇家臥室裡很常見，因為君王從不獨自睡覺，總是有男僕在身側。如果是女王，睡在低矮輪床上的會是出身高貴的女官。出生高貴的侍臣日夜守候，當中地位最高的人會睡在簡樸的低矮輪床上，其他侍臣則睡在地板上的稻草床墊（paillasses）上。低矮的床上裝了輪子（或滾輪），因此在白天可以被推到一旁，甚至推到皇家床榻下。實際的皇家床榻往往非常大，國王可以邀請一位顯要人士共度一晚，在全然為柏拉圖式的行為之下，這也許是種恩惠的象徵。

精心裝飾的婚床在皇室婚禮中也扮演顯眼且公開的角色。新娘新郎的婚床與圓房都被儀式所包圍，通常還有醉酒狂歡，以及多人在婚床旁見證圓房。如果新婚夫妻沒有上床進行性交，這段婚姻可以即刻被宣布無效。為了婚禮，婚床會被精心裝飾，有時甚至是個巨大的平臺。一四三〇年為了菲利普三世（Philip the Good of Burgundy）和葡萄牙的伊莎貝拉（Isabella of Portugal）而建造的婚床榮登金氏世界紀錄，成為最大的實用床。這張床長五．七九公尺，寬三．八公尺。[3]

宏偉的床

伊莉莎白一世的床位於她的宮廷中心。這是她休息和睡覺的地方，遠離日常壓力。[4]她擁有一系列的床，都以奢華布料精心裝飾，並以明亮色彩點綴。當她進行宮殿之間或貴族宅邸之間的皇家巡遊時，她最好的床通常與之同行。雕刻的木製床架經過精心上漆與鍍金。銀飾和天鵝絨裝飾了床帷，深紅色緞面床頭板上則覆蓋著具異國情調的鴕鳥羽毛。伊莉莎白一世睡在用金邊和貴重鈕扣裝飾的掛毯簾後。她的床不僅是她權力的象徵，也是她睡覺的地方。每一張床都是精心製作且宏偉。她在白廳（Whitehall）的休息之處，是一張由多種顏色的木材製成，並掛上印度彩繪絲綢簾子的床。里奇蒙宮（Richmond Palace）則是一張帶有「海水綠」簾子的船形床。君王休息的床就是國家床。而無論她去哪裡，她都需要所謂的私人住所，以便與宮廷區隔。君王的私人住所是一系列的房間，從大廳走來依序為接見室（Presence Chamber）、密會室（Privy Chamber）和寢室（Bedchamber）。進入各個房間的許可是種精心安排，說明此人與女王關係的輕疏遠近，是親密度的測量表。

伊莉莎白的宮廷是個龐大機構，擁有超過一千名僕人和侍從。釀酒師和麵包師、廚師、裁縫師和馬廄工人為眾多侍臣和大使提供服務。這是一個巡迴組織，在白廳、漢普頓宮、里奇蒙宮和溫莎城堡這四個皇家宮殿之間移動的龐大隊伍。需要三百輛馬車才能在宮殿間運送家具、掛毯、禮服和裝飾品。宮廷也跟隨女王到首都以外的地方進行訪問。

到達女王的臥室，遠離宮廷的喧囂，需要穿過明確且受到嚴格控制的邊界。接見室是一個大型的接待室，裡面有張高背王座。大使、侍臣、主教和求愛者都聚集於此，希望一睹女王風采。伊莉莎白的密會室是她大部分時間待的地方，由一百四十六名衛兵嚴密保護。她在這裡處理政務、款待客人、聊天和聆聽音樂，有時還會跳舞。密會室和寢室都能通往接見室，是宮廷的中心和王國中最私密之地。密會室和寢室是女人的領域，而非男人的。

伊莉莎白一世在位期間，只有二十八名女性在她的寢室裡工作。她們是女王的密友，其中一些人曾在加冕典禮上侍奉她。密會室和寢室的侍女們會替女王洗澡、化妝、做頭髮造型。她們會挑選衣服和珠寶，並協助她穿衣打扮。她們也監督女王的飲食，檢查其中是否有毒物和其他有害物質。女侍從負責打掃女王的房間，清空洗臉盆，整理床單。身分高貴且未婚的女官則身著白衣，扮演著陪伴和娛樂的角色，尤其是跳舞。所有女性都必須隨時待命，因為女王的需求為最高優先。即使生病或懷孕，她們仍侍奉著女王，直到生產前幾周才離開。生完後，她們會把新生兒交給乳母，立刻回到工作崗位。

伊莉莎白一世身處一群心腹女伴中。她們與她同睡一床，或睡在附近的低矮輪床上。在一個充滿派系鬥爭、暗殺威脅的宮廷中，這些女伴是她的親密保鑣。她們比任何人都更接近女王，非常瞭解她的想法和變化莫測的情緒，以至於大使和高級官員都希望得到她們的青睞。一位明智的樞密院大臣建議女王的首席祕書說，「在進入女王的寢室前，先從一些在寢室的人那裡瞭解她的個性，你必須與寢室女官們保持良好關係。」[5]

女王生活在密集、不鬆懈的監視下。在這個壽命短暫，容易猝死的時代，來自他國的大使經常向母國報告她的日常行為和健康狀況。她從青春期開始健康狀況就不好，包括慢性消化不良和失眠，人們普遍關注她可能的婚姻伴侶和生育能力。當時人們認為女性比男性具有更強的性慾，這使得人們難以相信女性，尤其是未婚女性會自願保持貞潔。外交傳聞圍繞著她可能的不孕問題，而當時仍相當脆弱的新教國家的安全完全仰賴她的婚姻和生下繼位者。她的月經頻率是國際報導和猜測的議題。

每天早上，無論女王在何處就寢，她的侍女都會拉開床帳。在侍女進行打掃和點燈等例行工作時，她通常會待在床上。然後，她會穿著睡衣吃早餐，接著在花園裡散步或在窗邊閱讀。洗臉、化妝和穿衣可能會花上幾個小時。女王會邊與侍女閒聊，邊讓侍女幫她穿上華麗、沉重的禮服。接著，她們會幫女王戴上珠寶，這些珠寶平時會存放在覆蓋著天鵝絨，以金線刺繡的小盒子裡。放在她寢室裡的皇家寶物是非常安全的。最後，會用鐵製的鞋撬讓女王輕鬆地穿上鞋子。做好這些準備，女王才會進入接見室和密會室，公開露面。

君王生活的每個環節都受到最精密的安排。即使進餐也伴隨著複雜儀式，因為她在公眾場合用餐被認為是不得體的，除非是在宴會上。一天結束時，她會回到寢室脫下禮服並沐浴。侍女會檢查床墊和床單上是否有蟲和藏匿的匕首，並搜查房間是否有入侵者。接著女王會爬上床，在鋪著稻草、羽毛和羊毛的多層床墊上躺下，蓋著印有她的皇家紋章與都鐸玫瑰圖案的絲綢被單。侍女會將窗戶關上以阻擋危險的夜間空氣，然後拉上床帳，將女王鎖在她的寢室裡。

只有一次，一位男性未經正式允許進入專屬女性的寢宮。一五九九年，長期以來一直是皇家寵兒的艾塞克斯伯爵（Earl of Essex）從愛爾蘭匆忙歸來，全身骯髒不堪地進入薩里郡（Surrey）無雙宮（Nonsuch Palace）的皇家套房，跨過了寢室門檻。他看見沒有戴假髮，衣衫不整，沒有化妝的伊莉莎白。當他跪下乞求原諒時，女王無言以對，但仍表現得很有風度。一天後，艾塞克斯伯爵被軟禁在家。一六〇一年，他因叛國罪遭到處決。

就算君王不在，寢室仍持續受到嚴密保護，而且理由充分。由於宮廷大臣擔心可能會有人以巫術加害君王，在凡爾賽宮，一名男侍者總是坐在圍繞著國王床鋪的木製隔間內。君王的敵人可能會在床上撒上具有魔法的混合物，危及床上的人的安全。一六〇〇年，一位名叫妮可·米尼奧（Nicole Migno）的女子因試圖策劃毒殺法王亨利四世而被活活燒死。三年前，一位住在「聖殿路」（the rue du Temple）的家飾裝修工也因「企圖謀殺國王」，而被絞死並焚燒屍體。

皇室床鋪是嬰兒誕生、受洗、婚禮和死亡的重要場所。皇室孕婦躺臥的床通常以華麗帷幕精心裝飾，床的價值比嬰兒的體重更受公眾關注。像所有孕婦一樣，她們被期待在床上接待朋友，但事情有時會走向極端，例如在她們床邊舉行舞會。皇室生產是宮廷高度公開的事件，出席者必須遵守繁複禮節。見證王室生產的人必須包括王室親王和公主、國務大臣和其他高級官員，所有人都會從旁監視確保沒有任何弊端。然而，這些措施並未總是能防止惡意流言。英王詹姆斯二世（King James II）的天主教配偶摩德納的瑪麗（Mary of Modena）於一六八八年生下一個兒子，許多牧師和朝臣都在場，但出於強烈的反天主教情緒和對未來天主教君王的恐懼，謠言很快傳開，說一個活男嬰被偷偷帶進臥室取代了皇后的死胎。這些故事最終導致了詹姆斯二世的垮臺，他在一六八八年被堅定的新教君王威廉三世（William III）取代。

臥室的一個主要優勢是即使是微小的尊重差異也能被察覺。當黎希留樞機主教（Cardinal Richelieu）於一六二五年與英國大使會晤商談查理一世（Charles I）和法國的亨麗埃塔（Henrietta of France）的婚事時，一場荒謬的爭端因會談參與者行走步數不同而爆發。黎希留透過在床上主持會議解決了這個問題，也改變了禮儀規範。

黎希留曾擔任法王路易十三（Louis XIII）的首席大臣，這位國王脾氣暴躁且口吃，對獵鷹和打獵的興趣遠比治理國家來得更高。這兩人把法國變成君主專制體制。路易十三身分高貴，品味卻十分簡樸。在他統治的大部分時間裡，他只使用了兩張床，一張黑色帶有銀色裝飾，另一張則以紫色和金色裝飾。相比之下，他父親亨利四世（Henry IV）的情婦加布里・德斯特蕾（Gabrielle de'Estrées）光是冬天專用的豪華床就有十二張。諷刺劇作家和演員讓－巴蒂斯特・波克蘭（Jean-Baptiste Poquelin），即莫里哀（Molière），在路易十三在位期間擔任國王寢室的男侍從，這是他父親買來的世襲職位。他不喜歡國王的品味，但他確實睡在一張豪華的床上，床腳為青銅鷹型，有雕刻和鍍金的床頭板與花卉緞布簾子。他還擁有十八件精美的睡衣。路易十三的寢室幾乎沒有女性的裝飾，因為他與西班牙的安妮（Anne of Spain）婚姻不幸福，而且他們通常是分居兩地。路易十三從未有情婦。然而，一六三八年，在經歷了四次死胎之後，夫婦倆終於有了一個兒子，即未來的路易十四，他在一六四一年三歲時登上王位，並統治了七十二年。

路易十四的起床儀式

被稱為太陽王的路易十四，堅信君權神授，使他有權將法國變成由凡爾賽宮中央集權統治的王國。[6]他請來宮廷的貴族們必須日夜侍奉他，才能享有年金和其他特權。作為所有關注焦點的中心人物，路易十四無時無刻都受到公眾觀察。他每天都接待貴族，以盛大儀式和昂貴娛樂款待他們，但嚴格監控著他們。他的中央控制削弱了貴族的權力，並減少困擾前人的長期內戰。最重要的是，他有效地統治法國，從床上指揮軍事行動。床是他表演的舞臺，他也對床相當著迷。

路易十四的床庫清單描述了至少二十五種不同的設計。凡爾賽宮的皇家床庫至少擁有四百張床，其中許多以裝飾它們的掛毯命名。其中一張名為「維納斯的勝利」（Le Triomphe de Venus）的床，耗費了掛毯大師西蒙・德洛貝爾（Simon Delobel）十二年的時間。路易十四經常把床當作禮物送給他的子嗣，甚至送給他的醫生。據說他有段時間喜歡在床幔頂部裝設鏡子，而不是常見用來鼓勵比較拘謹的客人的情色畫作。直到他的其中一位情人因在床上太有活力，導致鏡子破裂而幾乎喪命後，這項皇家實驗就此告終。

沿襲了路易十四的風格和潮流，床上的裝飾和鍍金變得越來越繁複。國王最終禁止登記官、公證人、律師、商人和工匠及其妻子擁有任何形式的鍍金家具，包括以金或銀裝飾的床。處罰包括罰款和沒收違禁物品，但似乎沒有人能長期遵守這個規定。

像他之前的許多皇室成員一樣，路易十四生活在公眾眼底。他的生活方式讓人想起埃及法老，每一分每一秒都受到嚴格管理。希臘歷史學家西西里的狄奧多羅斯（Diodorus Siculus）在西元前一世紀時寫道，一位法老在固定的時間與妻子同床共枕。[7]路易十四也是如此，在漫長的統治期間，他一直在凡爾賽宮的寢室裡接待朝臣，他的日常起居儀式「晨起接見」（Levée）和「就寢」（Couchée）是他統治的核心。路易的教子，喜愛閒言閒語的聖西蒙公爵（Duke of Saint-Simon）寫道：「帶著一本年曆和一支手錶，縱然距離他（國王）三百里格之外，也能知道他在做什麼。」[8]國王的日常遵循著嚴格的規律，讓他的官員可以依此計劃每日行程。路易在床上做決定，頒布法令，並接見有幸獲得特權、能接近半神半人的路易十四的人。這些人除了朝臣和家族成員，還包括他的私生子，這使得聖西蒙公爵極度不贊同。

太陽王路易十四的起床和睡覺時間如同太陽的運行般規律，他甚至重新設計了寢室，讓床面向第一道陽光。他的正式起床時間是上午八點半，由室內首席侍者來協助他起床，即使他早就醒了。首席醫生和首席外科醫生會看診，之後是一個私人聚會，只有少數人可以參加，包括他年幼時的保母，而她總是會給他一個早安吻。國王在觀眾面前沐浴、梳頭、（每隔一天）刮鬍子。當國王完成更衣，喝著湯享用早餐時，寢室官員和衣庫官員會在旁服侍他。盛大的起床儀式由拉開床簾開始，由宮廷內務大臣、親近的侍從和重要的宮廷成員見證，他們為觀禮特權付了錢。他們從將床與寢室其餘部分隔開的鍍金欄杆後面觀看。這是貴族能與君王進行簡短而恭敬對話的時刻，象徵著可接近和親密。

隨著時間過去，寢室越來越擁擠。當國王穿上鞋子和襪子時，旁觀者包括他的藝術活動組織者、大臣和祕書。在第五次入場時，女性首次被允許進入，在第六次入場時，國王的婚生和私生子女及其配偶也進來了。最多可能會有一百人擠進這個房間。

與此同時，位於皇家套房隔壁的鏡廳（Hall of Mirrors）裡人群排成一列隊伍。早上十點，當路易十四帶領著他的朝臣穿越國務大廳時，人群湧上圍繞著他，塞給他

凡爾賽宮內法王路易十四的床。
圖片來源：Norimages/Alamy Stock Photo

小紙條或尋求短暫的交談。半小時後，他在皇家教堂參加彌撒。早上十一點，他回到房間裡，處理大臣帶來的政府事務。下午一點，國王會在寢室裡面向窗戶的桌子上獨自用餐。理論上這是一頓獨食餐，但他總是邀請朝臣觀看他用餐。下午兩點，國王會宣布他明天的行程，然後去散步或乘馬車出遊，或是從事他最喜愛的運動，比如在公園裡打獵，或是在周圍森林裡騎馬遊玩。他會在傍晚六點前回來，投入傍晚聚會和娛樂，以及批閱公文。到了晚上十點，他回到寢室的前廳，人群擠在一起觀看他身邊圍繞著皇室成員，享受公開盛大的晚餐。國王隨後回到私人空間，與親密的朋友和家人自在地交談。晚上十一點半，就寢儀式（couchée）開始了，這是早晨儀式的相反。太陽王在一天結束時象徵性地下山了。他在統治七十二年後在寢室去世。

凡爾賽宮是專制統治的象徵，是路易十四王權與中央力量的展現，完美設計和精心維護的皇家花園，也展現了他的威權。皇家寢室在宮殿上層，位於沿著巨大建築物面東的牆的中間，這是宮殿中最重要的房間，太陽王在這裡升起和落下，他的決定和詔令從這裡傳遍整個法國。

寢室會議室

太陽王的繼承人路易十五（Louis XV）只有一張床，並改掉他曾祖父大部分的寢室儀式。英國藝術史學家和政治家霍勒斯・沃波爾（Harold Walpole）在一七六五年拜會了十五路易的宮廷，說他被引導進入國王的寢室時，國王正在著衣。顯然，國王「和幾個人愉快地交談，瞪著陌生人看，去參加彌撒、吃飯和打獵。」女王也在同一間房間，坐在一張化妝桌前，由「兩、三位老太太」服侍。[9]

路易十五的寢室禮儀對珍視隱私的人來說，是莊嚴但不切實際的環境。他在一七三八年建了一個新的小房間，因為面向南方之故，更容易升溫。床位於凹室中，凹室是精巧寢室的特色，據說起源於西班牙。通常由欄杆隔開，有時還有柱子，實際上是房間中的房間。路易十五的凹室裡還有座椅，可以接待少許人。一個世紀後，凹室變得更小、更隱蔽，用途更加謹慎。

國王最心愛的情婦是龐巴度夫人（Marquise de Pompadour），她於一七四五年至一七五一年住在宮殿中央的一個四間房組成的套房裡。路易十五可以從他的私人套房進入她的臥室。後來的情婦杜巴利伯爵夫人（Countess du Barry）住在另一個豪華套房，通過隱藏的樓梯可以進入她的臥室。

此時的皇家寢室以成為正式的地方，床很少被真正用來睡覺，也很少發生熱烈的性行為，如果有的話。更準確地說，它們可以被描述為一種正式的會議室，是皇家做決策的地方。重要的是進入權。看到君主穿著內衣或在床上交談是一種崇高的榮譽，僅授予最有抱負和傑出的朝臣和國家官員。床本身是王權壯麗的象徵，用來讓訪客留下深刻印象。有些床的確十分宏偉壯麗，比如安妮女王（Queen Anne）在一七一四年臨終前委託製作的床。它幾乎有五．五公尺高，由五十七個部分組成，以黃色和深紅色天鵝絨簾子和極其昂貴絲綢床墊裝飾。製作花費高達六百七十四英鎊，當時相當於一幢中等大小的倫敦市房屋的價值。沒有人在上面睡過。一七一六年為威爾斯親王製作的實用旅行床，也非常繁複。它由五十四個部分組成，配有床墊和簾子。至到一七七一年，精緻的皇家床仍然很常見。然而，很少有床能媲美喬治三世的配偶夏洛特皇后（Queen Charlotte）所使用的國家床，它是由皇后支持的慈善機構菲比．懷特孤女學校（Phoebe White's School for Orphaned Women）的女士們巧手刺繡而成。

隨著維多利亞女王（Queen Victoria）於一八三七年登基成為英國女王，皇家寢室的門被牢牢關上。維多利亞女王極度重視隱私，這反映了一個更加拘謹的時代，臥室和床鋪都被藏在公眾視野之外。只有少數規定仍然存在，包括外交大臣在皇室生產時陪同在一旁，這個傳統最終在一九四八年查爾斯三世（Charles III）誕生時結束。

裝飾華麗的床依然流行，特別是在富人和東方君王之間。或許是因為我們一生中花了很多時間在床上，畢竟，為什麼不在奢華的財富和精美藝術品的環繞下休息呢？很少有床可以與巴哈瓦爾布爾土邦（Bahawalpur）的納瓦卜（nawab）薩德克·穆罕默德·汗·阿巴西四世（Saddiq Muhammed Khan Abassi IV）的床相比，該土邦現位在巴基斯坦境內。一八八二年，他向巴黎的昆庭銀器（Maison Christofle）訂製了一張鑲嵌銀飾的床，這家公司以鍍銀和精美餐具而聞名，並常與像是土耳其蘇丹這樣的王室以及歐亞貴族家族交易。昆庭銀器裝飾了愛麗舍宮（Elysée Palace），並從一八六〇年到一九四〇年間為東方快車提供了餐具和家具。為了阿巴西四世，他們建造了一張「黑色木頭裝飾鑲嵌銀飾的床，上頭有鍍金與徽章圖案……飾有四個真人大小的青銅裸女雕像，塗上膚色漆，擁有自然頭髮，可移動的眼睛和手臂，手持扇子與馬尾巴。」[10]這些裝飾用了兩百九十公斤的銀。四個女性雕像分別描繪了來自法國、希臘、義大利和西班牙的女性，並各自給予適當的髮色和膚色。雕像還有著精巧裝置，幫阿巴西四世搧風的同時會眨眼睛。床上還內建了一個音樂盒，可以播放法國作曲家古諾（Gounod）創作的歌劇《浮士德》三十秒鐘。阿巴西四世去世後，這張床一度消失，後來發現被放在阿巴西家族位在巴哈瓦爾布爾土邦的薩德克加宮殿（Sadiq Garh Palace）裡。當最後一任納瓦卜於一九六六年去世時，巴基斯坦總理下令清點他所有財產。這張床在宮殿的銀色寢室放了好多年，當時宮殿及其內所有物在納瓦卜繼承人間的法律糾紛期間遭到封存。一九九二年，這張床又不見了。

阿巴西四世從未在他的皇家床上統治，而是把它當成私人空間。公開寢室和在床上統治其實是歐洲獨有現象。如今已沒有君王會在床上統治自己的領土。皇家嬰兒床則在公眾視線之外。現在的床很少在歷史上佔有一席之地，僅作為背景，而不是君權神授的表述。在第二次世界大戰期間，邱吉爾以古怪和優雅的方式從床上統治英國，有時會導致混淆和混亂。英國頂尖軍事人物，陸軍元帥艾倫·布魯克（Field Marshall Lord Alanbrooke）花了很多時間在邱吉爾的臥室裡，並在日記中抱怨與首相打交道帶來的挑戰。他在一九四二年一月二十七日的日記中寫道：「這次面談將是未來面談的典型。他臥室中的場景總是一樣的，我真希望有畫家能把它畫下來。那件紅色和金色的睡衣，只有邱吉爾才想得到要穿它！他看起來就像中國的官員！他頭上僅剩的幾根頭髮通常是亂糟糟的。一支大雪茄斜插在他的嘴角。床上散落著文件和公文。有時他吃完的早餐還放在床邊桌上。召喚祕書、打字員、速記員或他忠實的男僕索耶爾斯的鈴聲不斷響起。」

歷史上沒有記載邱吉爾在床上召開會議，是否是為了讓重要官員感到困惑不安。他當然有這樣的能力，但與路易十四的安排好的起床儀式和就寢儀式相比，這樣的對比更讓人難以想像。[11]

第九章　私人庇護所

看過床的整個演變史後，接著就來談談個人的床。像大多數的西方人一樣，個人的床通常會隱藏在臥室裡，臥室位置則在房子樓上，或在房子內部。這是一間裝滿隱私、性事、睡眠的房間，所以很可能只有特定的少數人來過並看過裡面的床。一九九〇年代，英國年輕藝術家翠西・艾敏因向公眾展示她凌亂的床鋪（見本書第二頁）而引起公憤。藝評家強納森・瓊斯（Jonathan Jones）在二〇〇八年狠狠地酸她，認為這位藝術家除了自揭瘡疤外，真不知道還有什麼好看。然而，一六一六年，莎士比亞在遺囑中留給結髮三十四年妻子一張「二流好床」（second best bed）時卻絕不是輕視，而是一種溫柔的姿態，因為這張床是當初他們倆同榻而眠的婚床。在莎翁的年代，最好的床通常擺在主要的起居空間，方便來客欣賞，也可以體現擁有兩張床的貴氣。這麼說來，我們睡的床為什麼會移到私人空間呢？

尋求隱私

二〇一三年，任職於Google的網際網路先驅文頓・瑟夫（Vint Cerf）認為隱私是現代社會的反常現象，這樣的說法引來了猛烈抨擊。[1]不過從歷史來看，他完全站得住腳。我們所謂的隱私以及伴隨隱私的個人保密與遠離公領域的概念，只有約一百五十年的歷史，儘管它有更古老的根源。有趣的是，現代臥室的出現也只能回溯大約兩個世紀。在工業革命以前，隱私在任何一個人類社會都還排不上第一位。相對於金錢、名望、安全、便利，「獨處」更是不在考慮之列。

史前時代的人會靠火堆很近或者擠在一起，這種對溫暖和保護的需求不利於隱私的發展。孩子通常睡在父母身旁或同處於一間小屋，很可能會看到父母性交。馬凌諾斯基於一九二九年所提出的報告相當經典，他觀察初步蘭群島島民的性生活發現：成年人沒有採取任何特殊的預防措施，來阻止孩子看到他們性交。[2]如果孩子真的一直看，父母也只是訓斥一下，然後叫他們用墊子蓋住頭。另外，傳統的狩獵採集和自給自足的農業社會中，性行為通常在睡覺以外的地方發生，因為在那裡不會有人看到、也或許動作可以肆無忌憚些。不過，對於居住在無遮蔽的荒涼境地或食肉動物四處橫行的人而言，不重隱私是為求生存而付出的低廉代價。在傳統的極寒社會，為求獨處而外出非常危險，說白了就是蠢。

隱私最早是在何時變成一個概念，沒人知道。也許是隨著統治者、貴族和其他人之間的差距擴大而逐漸形成的。古代埃及法老王睡在抬高的床上，達官顯要亦是如此；其他的平民百姓則躺在草墊上或地上。古代雅典人擅長建築幾何學，會設計充分利用光線的房屋，同時極力降低外部人窺視的可能性。隱私的英文字「private」源自羅馬文中的「privatus」，通常僅用來指稱無公職的市民，字源「privo」有「我失去、剝奪」的意思，話雖如此，還是有「我自由、解放」的意涵。

當時就如同今日一樣，隱私似乎一直存在爭議。一些如蘇格拉底的學者並不能苟同那些為了得到隱私，而把自己隱藏起來的人。極不平等的羅馬人喜歡炫富，不管是奢華無度的鄉村別墅、精雕細琢的魚池還是城裡的豪宅。有錢人的宅邸往往是好奇者的博物館。老普林尼在西元七七年寫道，富人的大把財富「根本藏都不藏……不管是臥室還是私密的隱蔽處……還公開曝光所有不為人知的祕密」。[3]事實上，許多較大的羅馬房舍並沒有明確的臥室，卻有可移動的床，方便從一間空房移動到另一間。

羅馬人在公共浴場向來都是坦誠相見，附帶的廁所也是人並肩而坐的公共場域，考古學偶爾才會發現有隔間。羅馬人如廁時會坐在長椅上設有U型孔的地方，之後一邊用抹布或共用的海綿棒擦拭、一邊大喇喇地談天說地。廁所是社交與公共聚會場所。儘管特權人士享受奢華，但大多數羅馬城市居民都生活在擁擠不堪、往往偷工減料的公寓裡，隱私不僅不存在、根本很少人會在意。與「公用」妓女發生關係（對男人來說）不是什麼難以啟齒的祕密，而是坦坦蕩蕩的歡樂泉源。在龐貝，有一幅塗鴉寫著：「沐浴、飲酒、性交腐蝕我們的身體，但沐浴、飲酒、性交也讓日子好過」。[4]隱私在世界的其他地方也沒有很了不起。中國的炕是一種表面覆蓋草墊的加熱的磚石平臺，早在西元前五千年就已經出現；這種炕從來都不是私人臥所，而是多人睡覺、吃飯、社交的地方。到了西元前一千年，睡在地板上逐漸被抬高的床取代。社會菁英精雕細琢的臥室，更像家具陳列室而非避世之所。臥室成了既可以睡覺、又可以招待客人的地方，有些還有儲放衣物的空間。

然而，人類生活中有一個面向，也許一直存在著隱密與隔絕，那就是宗教。考古學家幾乎在每個宗教組織中都能看到隱私的存在——從鐵器時代的葉門神廟格局，總是將三重結構的聖殿隱藏在後方；還有埃及祭司製做木乃伊的祕密儀式，再到深埋在難以涉足的洞穴系統中，那些冰河時期的偉大洞穴藝術。另外，伴隨隱密而來的還有權力與神聖代理的幻覺。西方版本中的隱私，基督教是最強而有力的催化劑之一。基督在曠野中度過歷史性的四十天之後，隱世獨居（seclusion）就成了基督教思想的核心教義。想像極度虔誠的人身處於這樣一個邪惡無處不在的世界裡，對死亡和罪惡特別執著，他們遠離社會、甚至遠離修道院團體，在沒有世俗干擾的情況下沉思上帝和人類的存在。基督教修士埃及的聖安東尼（St. Anthony of Egypt）說道：「就像魚兒游向大海，我們必須趕緊回到自己的隱修處，因為在外逗留將使我們失去內在的警覺。」禁食和苦行蔚為風尚，其中最極端的實踐者是生活在偏遠沙漠洞穴裡的埃及隱士。與聖安東尼同時期的另一位苦行作家約翰．卡西安（John Cassian）描述他簡樸的飲食：乾餅、少量的油和偶爾的蔬菜或小魚。某位現代研究人員估計，這種飲食每天提供的熱量大約是九百三十大卡。卡西安寫道：「身體越孱弱，靈魂就越強大」。如果他們嚴守飢餓飲食，大約六個月內就能達到全然的貞潔。他們的孤獨不是對隱私的追求，而是對基督在十字架上受難的贖罪形式。

如前所述，拉丁語或中世紀都沒有「隱私」一詞，但有「privation」，也就是「剝奪」的意思。[5]此外，女王伊莉莎白一世也許很看重個人私密空間，但「privy」這個詞源自於古法語「privé」，指的是友好親密的所在。更確切地說，隱私一詞在文藝復興時期更貼近現代特質。這個概念開始於第四次拉特蘭會議（Fourth Council of Lateran），即一二一五年的大公會議，會議中宣布：每個人都必須懺悔。在這樣的規定下，個人罪孽的覺察是透過沉思冥想得來的一種內在道德，也唯有在懺悔的私密空間裡，這種道德才得以顯露。閱讀因此受到鼓勵，特別是印刷機徹底改變學習方式之後；整個歐洲，每個人的閱讀都孕育著更強勢的個人主義。像「荷蘭共同生活兄弟會」（Dutch Brethren of the Common Life）這樣的宗教團體為宣揚對基督的簡單奉獻而出版的宗教文本，閱讀者眾。這些文本教義極力主張藝術家、詩人、神學家摒棄世俗之物，將內心轉向上帝。加爾都西會（Carthusian）的隱修士有個人的單間小室，生活謹守沉默之道、以求沉思冥想。個人的道德管理逐漸轉向內在，變得私密且更孤獨。

隔間

一直到十六世紀，透過火坑和位於中央的磚砌煙囪來提供整間屋子暖氣的住宅仍很普遍，因為這是冬季取暖的最佳方式。在羅德島州的新港（Newport），有一座建於一七三二年的房子就是這樣，房子所有人是我們的編輯比爾・弗魯赫特（Bill Frucht）的叔叔。比爾回憶說，這座房子有兩層共七間房，每個房間都有獨立的壁爐，直通房屋的中央煙囪。富人可能住私人宅邸或各自有各自的房間，但把整個家庭，包括僕人在內，安排住得近一點，會更方便且更溫暖。此時隱私的概念仍不發達，以下證詞可見一斑。一七五一年，義大利侯爵阿貝爾加迪・卡帕契里（Albergati Capacelli）的妻子想以他會失禁為由訴請婚姻無效，服侍他長達十一年的僕人作證說道：「我曾經三、四次親眼目睹侯爵大人在起床時，男性器官完美勃起」。[6]

在卡帕契里的那個年代，床肯定是可以休息和閱讀的地方，但也幾乎可以確定這時期的床得與他人共用。床是想當然耳的聚會所在，也是客人可能會與多數或整個家庭共度夜晚的地方。這裡的床就像皇室的床一樣，實際上是公共場所。單人床最先在醫院流行起來，因為醫院的病人長時間共用床鋪，尤其是孩童，無論生什麼病都擠在一起。這樣的條件下，傳染病就像野火般蔓延開來。

十八世紀末，家庭生活和隱私才開始受到重視。那時男性的聚會場所已經從家轉移到俱樂部、咖啡館、琴酒專賣店和街頭集會，而（有教養的）女性則退居幕後。在一個不斷變化、越來越有壓力的世界中，一系列強大的力量使家成為了庇護和修復的場所。基督教福音派的興起是一個重要的因素，因為他們相信家庭的力量足以維持個人生活裡裡外外的關係。在工作場所日益嚴酷和無情的世界中，基督教家庭成為愛和慷慨的小宇宙。男人回家可以享受和諧的環境，被愛和寧靜所包圍。除了基督教原因，這個想法也因為太過根深蒂固，成為了世俗準則。

工業革命讓大多數歐洲人成為城市居民。一八〇〇年，只有百分之二十的英國人口住在城市。這個比例在一個世紀之後攀升到近百分之八十，倫敦成為世界上最大的城市，擁有超過四百萬居民。這座城市在一九〇〇年前後數十年建造的小型連棟住宅，至今大多數都還存在。在這樣日益繁忙的城市，這些房屋代表一種與他人隔離以及遁世的追尋。巴黎的情況也是如此。儘管城市規模有所擴張，但在一九〇〇年可能有高達三分之二的法國工人在家工作。如今，幾乎所有歐洲人都在外工作。

工作場所發生了根本的變化：工廠、固定工時、更加嚴格管制的工作環境已成常規。[7]這種搬離家庭的趨勢影響了勞工與專業人士。先前將診間設在自家宅院的醫生，現在有了獨立的辦公室。而過去可能幫開店的丈夫看顧櫃臺或作帳的女性，現在過著一切以家庭為重的生活，基本上就是當個家庭主婦。

隨著十九世紀的展開，許多人搬到了郊區，但仍在市中心工作。這種分兩邊的生活漸漸成為一種哲學，讓有工作的人常常活成了兩個人——一個在上班、一個在家。兩種生活，兩個完全不同的人。阿諾・班奈特（Arnold Bennett）於一九〇八年寫的一本暢銷自助手冊就是這樣區分的，這本小書有個樂觀的書名，叫做《一天始於下班後：妥善運用你的待機時間》（*How to live on twenty-four hours a day*）。班奈特認為一般人在上班的時間是沒有自主權的，只有工作以外的時間才算真正地過日子。

他主推閱讀古代哲學，不建議把時間浪費在報紙上。著名藝評家兼作家約翰．羅斯金（John Ruskin）的父親，對比了社會的沉悶和「我圍在爐邊，對面坐著的是我的摯愛，渾身散發著光芒，還有我那最傑出的兒子」。[8] 這種個人生活元素的分隔延伸到了家裡面。再也沒有多功能的房間，家具也不再搬來搬去（法語的家具「meuble」意思就是「可移動的」）。現在，房間無論作為社交用途還是用來區分雇主和僕役之間的階級，每一間都因不同的活動而分隔開來。頭一回，臥室變成了普遍的存在。

獨立臥室

到了十九世紀，西方富裕的家庭裡，有一間專門用來睡覺的臥室變得很普遍。僕役不必再一如既往地與該戶人家同睡，或集體在大廳或廚房打地鋪。每個人都有分隔的床位。用維多利亞時代的話來說，女性在整個家庭中就是「家庭幸福的救星」。儘管她的權威來自丈夫，她還是經手家裡的大小事。這樣的信念在中產階級的臥室中體現得尤為明顯。曾經兼具起居室和臥室功能的房間，現在只用作臥室。維多利亞時代的人認為，一幢房子有越多專用房間越好，這意味著妻子和丈夫可能會有獨立的、或許相互連通的臥室，每間臥室也都有鄰接的更衣室。住在這樣的房子裡的女主人可能會在她私人的「boudoir」（起居室）中尋求庇護，「boudoir」這個詞源於法語的「bouder」，是「生悶氣」的意思。

《建築師》（*Architect*）雜誌於一八七五年發表了一篇很有權威的文章，宣稱臥室只能用來睡覺，任何其他用途都是不健康也不道德，還違反生活中每個重要面向都需要獨立房間的原則。然而，「集體睡覺」（communal sleeping）除了不道德——甚至連最小的城市寓所都要有兩間臥室，一間給父母，一間給孩子——也有健康考量。隨著城市人口的增加，十九世紀對公共健康滿是擔憂。許多人仍認為疾病是由骯髒的水或污濁的空氣自發產生的，這使得沉睡不動的身體格外令人不安。理查森（B. W. Richardson）醫生於一八八〇年建議成年人不要與子女共用一張床，以免把子女的「生命熱度」（vital warmth）給吸走。

在日漸商業化的世界，獨立的房間為商品銷售增添機會。包括兒童玩具和家具等兒童商品於維多利亞時期進入大眾市場。以兒童為目標市場根基很淺，甚至所謂行之有年的傳統，如男孩的玩具、衣服、家具都用藍色，女孩則用粉紅色（迫使父母買兩倍商品）也都是在第二次世界大戰後才成的規矩。一篇一九一八年的時尚貿易文章就這樣寫道：「普遍被接受的規則是男孩子用粉紅色、女孩子用藍色。原因是粉紅色是一種更果決、更強烈的顏色，更適合男孩子；而藍色更嬌嫩、雅緻，女孩子來用會更秀麗」。[9]

「以功能做區隔」的概念尚未觸及城市貧民的生活。他們擠在骯髒的房間和人滿為患的公寓大樓裡，仍在眾人的眼皮子底下生活。一個女人生病了，整條街都會知道，因為她通常躺在床上，一大家子都看得到。關於隱私的爭論越演越烈。一八九〇年十二月，《哈佛法律評論》（*Harvard Law Review*）刊登了路易斯・布蘭迪斯（Louis Brandeis，後來成為最高法院法官）一篇關於隱私權的文章，他主張因為「伴隨先進文明而來的強度和複雜性……獨處和隱私對個人變得更加重要」。[10] 法院在一八六八年曾裁定，隱私是男人維護他擁有妻子公私領域所有權的一種方式——包括虐待自己妻子身體的權利。

大英帝國坐擁世界上大部分區域的那一個世紀裡，維多利亞時期的價值觀和家政實踐在遙遠的地區深深紮根。從澳洲、紐西蘭，一直到亞洲和大部分熱帶非洲地區，殖民地的行政官員帶著他們的家具和居家裝飾理念，連同臥室、床和寢具一併進入了這些地方。到了十九世紀末，中產階級關於隱私的概念，尤其是臥室的隱私，在美國也根植人心。兩個世紀前，新英格蘭的房屋會有一個底層的大廳，用於烹飪、吃飯和各種其他家務活動。然後還有客廳，家人會把他們最珍貴的財產放在那兒，包括「最好的床」和最好的桌椅。這裡也是夫妻倆睡覺的地方，他們是家中最重要的人。家庭內部的空間是根據其所包含的意義和價值劃分，而不是根據不同的活動。

到了十八世紀，走廊和樓梯已經變得很流行，這讓房屋內的移動更加方便。人們照例在真正的臥室中入睡，這裡配有床簾、椅子和與之相襯的窗簾。這些房間是用來睡覺、安靜休息、與親朋好友社交的地方。人們也會因爲正式的接待場合在臥室聚集，例如慶祝誕生或哀悼死亡。

分床

到了十九世紀，與中世紀時期的草鋪或稻草填充墊相比，床和床墊已經進步很多了。然而「單獨睡」幾乎還是前所未聞。如前所見，即使維多利亞時代的家庭非常注重隱私，但「同床共枕」還是在十九世紀延續了下來。分開睡有很大的驅動力是來自內部樓梯和走廊的發展，這兩者都能讓僕役和閒雜人等不用經過他人就能到達不同的房間。[11]曾經，僕人睡在主人或女主人的臥室裡。現在，他們擁有自己在樓上或樓下的住處，主人可透過搖鈴召喚。國家權力也不再歸於皇室寢室內，而是轉移到議會和政府辦公室，這意味著臥室變得不那麼富麗堂皇，而且有更多的私密性。

在這些私密且獨立的臥室中，夫妻往往開始有自己個別的床。兩張床是個避免「黴菌」感染的好方法，同時也強調維多利亞時代的「合宜」（modesty）理念。這些觀念一直延續到二十世紀。好萊塢在一九三〇年代制定名為「海斯法典」（Hays Code）的電影審查指南時，規定銀幕上的情侶必須睡在分開的床上，而且如果接吻，一方必須保持一隻腳在地上。一九六〇年代，西爾斯（Sears）和其他大型百貨公司都還在向已婚夫婦推銷兩張單人床（twin beds），直到一九七〇年代，這樣的床才被視為老氣且過於拘謹。

最近的研究顯示，夫妻分開睡通常會睡得比較好。[12] 對於那些與睡覺很吵、很不安分的伴侶一起睡的人而言尤為明顯。古廷（Courtine）是奧特維（Thomas Otway）的劇作《無神論者》（*The Atheist*, 1684）中的角色，他的妻子席維亞（Sylvia）很不快樂，覺得丈夫「笨重且無用，到床上就很疲倦和不情願，翻來覆去，發出各種呼嚕呼嚕聲與打鼾聲」。這種抱怨解釋了為什麼估計有百分之三十或四十的現代夫妻分開來睡，可能也包括川普夫婦。《美國週刊》（*Us Weekly*）接獲的匿名消息指出，「他們分房睡，從不在一起過夜——從來沒有」。另一個所謂的內部消息來源卻反駁說：「他們同房不同床，這很『皇家』！」

關於臥室的建議

由於對多個專門用途房間的需求，建築師開始思索臥室與房屋其他部分之間的關係。十九世紀的臥室，尤其是夫婦的臥室通常位於底層樓，與較為公共的接待室相連。這種設計旨在將家庭與僕人、成年人與兒童、年長的子女與嬰兒區分開來。其他家庭成員睡在二樓，僕人則睡在更高的樓層。地位隨著爬樓梯的數量增加而下降。這種設計持續了好幾代，但最終整個底層樓都用於日常生活，而所有的臥室都設在樓上，每間臥室都會通向走廊（如果有足夠的空間）。這樣就可以增強隱私。但是，單層住宅或城市公寓中的臥室，該怎麼辦呢？流行的做法有兩種。一種是沿著走廊設置臥室，另一種是將臥室設在一出來就是家中公共空間的地方。房子小的話，就一間臥室供父母用，另一間供孩子用。僕人則睡在廚房，而廚房通常設在地下室。

一位維多利亞時期的年輕主婦，若想得到與臥室有關的建議，坊間有源源不絕的自助書籍可供參考。令人生畏且固執的潘頓（Jane Ellen Panton）是著名藝術家的女兒，她在一八八八年的一篇文章中強烈要求家庭主婦擺脫她們青春時期的「正統臥室」（orthodox bedrooms），就像她在一八五〇和一八六〇年代的臥室：有「可怕的」壁紙，上面「全是藍色的玫瑰和黃色的百合，更糟糕的是，還有沉悶的土黃色和橘色，或是綠色捲軸上和葉子上的那種綠色」。[13] 維多利亞時期的臥室家具通常破舊不堪，因為是從主臥室回收來的。這家具一旦更加磨損就會再次被搬走，不是搬去育兒室，就是搬去佣人房。

這種轉換在地毯上尤其常見，隨著越來越破舊，地毯穿梭在許多房室之間。臥室的地毯通常來自客廳那條已經物盡其用的廢地毯。這張地毯最後會被拆成條狀放在佣人房。沒有人期望訪客會去檢查主臥室，所以外觀並不重要。潘頓聲明：「我恐怕不是個傳統的主婦」。她建議新婚的安吉利娜（Angelina，潘頓虛構的家庭主婦）去買那些「讓她身心愉悅的顏色」。她認為人會受到周圍環境的影響，有時待在自己的臥室會生病。門和壁爐臺上使用的油漆應與牆面配色。[14]

大多數的房屋都有供丈夫和妻子使用的私人臥室，也有供孩子使用的獨立臥室。有錢的夫婦不會想同床共枕，而是寧願擁有各自的臥室。窗簾和百葉窗此時開始流行起來，因為這時期的臥室還承擔著許多今日會在浴室做的事情。洗臉臺和鏡子是必須的，若能有一張長沙發或貴妃椅會更理想。洗臉臺上備有毛巾架，有時也會有瓷磚鋪面的背板，好接住洗臉時從臉盆飛濺出來的水，臉盆裡的水則是僕人小心翼翼注滿的。僕人在廚房費力地將熱水從黃銅或銅製的水缸中運到洗臉盆和可移動的坐浴浴盆中。通常會有一張中央桌子、一張放置洗漱用品的桌子，幾把椅子，還有一個小書櫃。沖水馬桶普及前，夜壺很常見。放在臥室的座椅式便桶，就是裝有夜壺的椅子或箱子，直到一九〇〇年代初期都還很普遍，也是在那時開始有了室內廁所。潘頓推薦衣櫃，如果找得到的話，以及一張「長椅」（long chair），即一種可當作沙發或扶手椅的折疊床，壓力大時很好用。屏風一定要有，既可以遮擋床鋪，還可以擋風。

照明一直是個問題。許多顧問建議不要在臥室使用煤氣燈，因為它們會耗盡房間裡的氧氣。就寢時強烈建議點一根蠟燭就好。富裕的人家會在壁爐臺上和梳妝臺上放置雙燭臺。一盒安全火柴也是必不可少的，要放在容易拿到的地方，因為烏漆墨黑會很難找。一如既往，潘頓夫人提供瞭解決方案：在床的上方釘一個盒子、上漆，上面再掛一幅畫。

衣物收納也是個問題。首先，我們現在常用的衣架要到二十世紀才算普遍，當時它們被稱為「shoulders」（肩膀）。人們通常只是將衣物掛在衣櫥中的掛鉤上，或者放在箱子或櫃子裡。幾乎所有的臥室家具都有放置衣服的空間。維多利亞時代的婦女身著笨重的禮服，讓收納面臨嚴峻的挑戰。潘頓建議「舞會禮服……和一般禮服」的收納，可以使用外表鋪上迷人面料的箱式腳凳和許多小櫃子，這些腳凳和櫃子可以放在任何地方，還可以用來放靴子和鞋子，這樣靴子和鞋子就不會亂七八糟地散落在地板上[15]。

許多好心的顧問都準備好為臥室下定義了。當然，每個人都需要睡覺，不過很多顧問強調個人的獨特性。一位名叫埃拉・丘奇（Ella Church）的專家在一八七七年評論說，他能一眼看出母親的房間：房間裡有一張超大、超舒適的床，一張安樂椅、一張桌子。所有的擺設都是為了能「容納眾多的家庭成員」。單身漢的房間可能會塞滿報紙、煙斗、雪茄和女演員的照片。祖母的臥室可能會有一個老式的四柱床罩、一個高大的五斗櫃和一張她最喜歡的舒服椅子。臥室是一個人表達個人獨特性和保存私人物品的地方，「那些無數小東西都是個人性格特徵的明確指標」。主臥室是一個例外，因為雖然丈夫與妻子共用主臥室，但通常臥室會強調妻子的需求，像配一張梳妝臺和長鏡子等等家具。

個人獨特性是一回事，健康又是另一回事。許多十九世紀中期的美國室內設計作家並不鼓勵使用床簾、壁紙和地毯，因為會積聚灰塵，房間也很難清潔。越來越多人

1886 年倫敦梅普家具（Maple of London）刊登的臥室家具廣告，包括一組白色的臥室家具和「鐵與黃銅材質的四柱床架」。

圖片來源：Chronicle/Alamy Stock Photo

開始倡導新鮮空氣和良好的空氣循環。一般認為朝南的臥室能吸引最有益健康的微風。有些作家建議人睡覺的時候要面朝東，好讓身體與太陽的路徑對齊。《女士家居雜誌》（*Ladies' Home Journal*）和其他刊物都鼓勵在臥室外裝有紗窗的陽臺睡覺。人們還可以睡在一個特別設計的睡袋裡或一個特殊的通風帳篷，這種帳篷貼合窗戶並延伸到睡覺者的頭頂。臥室一側的窗可以讓住戶和在臥室裡的人交談。丈夫、妻子、孩子也許會共享同一個陽臺睡覺。

十九世紀中期，臥室家具變得更加普遍、裝潢也變得更加講究，而設計重點則總是以床為主，可以是簡單的床、也可以是華麗的四柱床。照明一直是個問題，主要還是依賴蠟燭，但在床上使用蠟燭非常危險，尤其是閱讀的人又睡著的話就更危險。潘頓建議使用蠟燭燈籠，並在牆上巧妙地安裝煤氣燈支架以提供最大的照明。她還喜歡在室內擺放一些植物，並建議晚上睡覺時至少留一扇小窗通風。整個臥室應該是「漂亮、有品味、寧靜的」，就像餐廳和客廳那樣精心佈置和考慮一樣。每個環節應該都要「非常好」。

床的保養

床可說是十九世紀的家庭中最費工夫的家具了。到了一八六〇年代，四柱床漸漸不再流行。許多權威人士強烈推薦使用黃銅或鐵製的床架，因為這樣更容易遠離蟲害。隨著木頭和金屬床板的普及，床板上面會鋪上一層層的毛毯、被子、床單以及多種羽絨、馬鬃、稻草床墊。潘頓討厭木頭床架，因為其中「某些神祕出現的小動物會帶來大麻煩」，因為這樣就得將床拆開、洗刷、再重新組裝。[16] 那床上睡了患有傳染病的人該怎麼辦？答案是放把火把床燒掉。潘頓偏愛黃銅或鐵製的床架，因為「乾淨且健康」。她自己睡在完全由細密鏈條編織而成的彈簧床墊上，這比「老式彈簧床」好用多了，老式彈簧床的螺旋彈簧一翻身就會發出吱吱聲：「讓人心煩意亂，無法入眠」。一本維多利亞時代的家居指南建議的搭配是：一張鐵製的床架、上面鋪一層厚厚的棕色床單覆蓋金屬彈簧、三到四條毛毯、一件羽絨被、幾個枕頭套。作者還建議每天早晨翻轉床墊，每天更換兩次枕頭套，華麗的晚上用、素面的白天用。

伊莎貝拉·畢頓（Isabella Beeton）是維多利亞時代的家政權威，她想得更周全。她建議在打掃臥室時先將天鵝絨椅子移開，以免落灰。「鋪床時，應該要顧及住戶的喜好；有些人喜歡床頭向床腳稍微傾斜、中間稍微隆起；有些人則喜歡完全鋪平」。女僕也應該根據睡覺者的喜好來整理床鋪，在整個過程中要小心抖動、拍打、翻面。從羽絨床墊跑出來的羽毛也要重新放回墊套裡。繁瑣的鋪床程序完成後，「再將床罩整個鋪好，呈現出優雅的摺層」。[17] 這件工作沒完沒了，還要精心組織才能避免任何「不必要的慌亂與倉促」。想到那些必須遵從畢頓夫人指示的女僕，不禁讓人心生同情。

在維多利亞時代，為了確保整潔健康、合乎體統、講究禮儀，足足有一大群的僕役來負責床鋪的清新與舒適。如果家中僕人少或根本沒有，那麼維多利亞時期臥室的清潔任務就會落到女主人的頭上。一八九〇年代倫敦郡議會的首席衛生官雪莉・福斯特・墨菲（Shirley Forster Murphy）形容居家灰塵是「乾掉的倫敦泥巴粉」。裡面有路上的殘留物，包括各種腐爛物質的微粒，像「馬和其他動物的排泄物、魚的內臟……死貓的屍體，還有垃圾桶裡亂七八糟的廢棄物」。[18] 這還沒提到倫敦成千上萬的房屋和商業建築幾乎都用煤來供暖，從煙囪飄出來的煤渣到處都是。灰塵和煤煙把所有東西都弄得黑黑的，讓心思細膩的屋主不得不把家具罩起來，這些罩子也會定期清洗。除了弄髒家具外，空氣中的灰塵還會污染梳子，讓梳子變黑。各式各樣的塵垢無所不在，對於現今習慣空氣乾淨的西方人來說，幾乎無法想像。

床墊通常填充馬鬃，不然就是牛鬃或羊毛，然後鋪在以稻草填充的墊子上，用來保護床墊不被鐵架損傷。到了十九世紀末，許多昂貴的床墊都裝有彈簧，但還是需要再墊毛鬃墊。如果床墊沒裝彈簧，也會蓋上床罩來防止無處不在的煤灰入侵，通常床單上還會鋪一張羽絨床墊、上面再鋪一層底毯。這樣的床很貴且很重保養。

床墊需要每天翻轉和搖晃，防止床墊中的纖維結塊成團。一塊底墊會被塞進最下層的床墊用來擋灰。接著是底層床單、上層床單、多層毯子（天冷的話可能會鋪到四張）、一個靠枕、一個枕頭。枕頭覆蓋上等材質的荷蘭床單，然後再套上枕頭套。清洗這些寢具又是件吃力的工作。一些作家建議毯子每兩周（用手）洗一次，床單大約每個月洗一次。如果兩個人共用一張床，那麼床單應該每兩周洗一次。為了節省勞力，床單會分批洗，底層床單先洗，然後上層床單會換到底層，上層會換乾淨的床單。

每年春季和秋季，所有寢具會來一次大檢修——「春季大掃除」這個詞就是這來的。另一位嚴厲的家政達人瑪麗・霍威斯（Mary Haweis）評論說，一間體面的臥室有跳蚤的話，簡直讓人難以接受。[19] 床墊和枕頭要拿到室外晾曬。每隔幾年，有僕人幫忙的家庭會把寢具和床墊拆開後逐一清洗，再把羽毛過篩並除去灰塵。更重要的是，每周至少要檢查一次是否有跳蚤和其他害蟲。如果發現有害蟲，就把床拆了，用次氯酸鈣和水清洗消毒。臥室會進行徹底的清潔和消毒，並封閉所有開口。如果蟲害真的無法控制，床會被放在一個密閉的空房間裡。接著，屋主會燒硫磺來撲滅害蟲。正如「彼得兔」的作者碧雅翠絲・波特（Beatrix Potter）曾說，我們不想要「床上有太多的自然史」。

除了床的衛生外，還有其他顧慮，例如粗心大意的男士堅持在臥室寫字。不可避免地會出意外——墨水灑出來就算了，還擦不掉。然後肇事者可能想都沒想就拿起一條毛巾擦拭墨水，結果越弄越糟。人稱「時尚室內裝飾權威」的霍威斯夫人（Mrs. Haweis）堅定表示，應該力勸男士不要用盥洗的毛巾來擦拭墨水和灑出來的水。她建議可在毛巾架上掛幾條抹布。

情況還有可能更糟。一九七三年，奧地利作家英格堡・巴赫曼（Ingeborg Bachmann）因為床褥著火而丟了性命。她是一位患強迫症的藥物濫用者，當時好像是在吸菸時睡著了。二十世紀初的一位作家推測，臥室再過幾代就會消失，人們只會在衛生無虞的個人書房或客廳地板上睡覺。但事實並非如此。一直以來都是床和床上發生的事情，決定了臥室的作用，不管發生多少讓人分神的事情都一樣。

現代人在充滿喧囂且日益工業化與都市化的世界中渴求一處庇護所，如此直接的結果產生了我們所熟知的臥室。今日，臥室在任何房屋中都可以說是最私密的地方（即使家庭浴室也算半個公共空間，因為多人共用，甚至包括訪客）。我們的臥室以床、床墊和柔軟的枕頭為中心，理想上是個舒適和寧靜的空間。私人臥室的安詳靜謐是維多利亞時代最偉大的遺產之一，如今，在工業化世界的每個角落和全球精英住宅中都能找到這樣的臥室。

話雖如此，每種文化無論在裝飾品味上還是地域意識形態上都會在臥室添加自己的風格。例如，中國的室內設計講究風水禁忌與規律，這不禁讓人聯想到古代的命盤。針對主臥室的建議有：床不要對著臥室門；床頭一定要靠牆放；床不要斜放，因為斜放會產生負面的空間；床不能放在大樑下，因為這樣會傷元氣，也就是消耗個人能量；不要把床放在窗戶下面；床不能靠在緊鄰廚房或浴室的牆面。其中一些觀念相當合理，儘管有時這種哲學趨於神祕。所以，建議認真想睡好覺的人應該注意自己的卦數，這是根據出生日期和性別推算而來，然後按照特定的圖表來決定房內的吉兇位置，再來安放床位。想睡得更好的話，就把伴侶的卦數也一併納入排列組合。想像一下，在這般燒腦的活動之後，的確會睡得很香甜。

然而，不論臥室如何打理安排，隱蔽的臥室是最近才有的設計。個人專屬的床也是最近的事，還有我們在床上消磨的時間也從未如此平靜。或者說，若我們遵從睡眠治療師的建議，不用電子產品將整個世界帶到床上的話，我們會睡得更加平靜。

第十章　明日之床

儘管床這種看似平凡的家具，幾千年來的基本設計幾乎都沒有變化，但它的功能卻隨時空不同而有很大變化。簡便的四腳床就是這樣一個例子：它是一個完全實用、平坦的睡覺場所，卻有非常在地的文化表現。例如，在巴基斯坦，他們喜歡把這種床搬到走廊，坐在上面、熱情洋溢地朗誦詩歌；或者把床移到屋頂，吹著涼爽的夜風入睡。而某人過世時，他們會把床豎起來，表達對死者敬意。[1]

我們周圍的所有物品中，床可能是最普遍的。現代西方的床通常是個被動的物件，藏在角落並不起眼。真正有趣的是怎麼利用床。一九六九年，約翰藍儂（John Lennon）和小野洋子（Yoko Ono）提醒了我們這一點，當時他們將一張飯店的床翻轉成政治舞臺，上演了一齣為和平「靜臥抗議」（bed-in）的戲碼。他們婚後不久，

約翰藍儂和小野洋子蜜月期間，在他們「為和平靜臥」的床上。
圖片來源：Keystone Pictures USA/Alamy Stock Photo

先住在阿姆斯特丹的希爾頓酒店，然後是蒙特婁的伊莉莎白女皇酒店，用一個星期的時間躺在豪華的酒店床上與來訪者進行熱烈的討論——彷彿是一種當代的晨起接見活動，最終觀眾多達百萬人。真的很好奇他們會不會想到路易十四，大概不會。

回到未來

許多未來派曾對床做出許多預言，大多數充其量不過是幻想。正如達文西學院（DaVinci Institute）的湯瑪斯・傅萊（Thomas Frey）所說：「性關係發生在懸浮床上……逼著人要有點創意」。[2]有幾個決定性的趨勢似乎能界定床和人之間的關係，當中最令人深思的可能是不斷增加的城市人口和所謂高密度的住房大量湧現。這些住房往往轉化為高樓大廈，看看北京、上海、紐約、舊金山驚人的城市景觀，當然房價和租金也是天文數字。人終其一生都在狹小的公寓裡度過，成千上萬的城市居民也都睡在客廳裡，廚房（如果有的話）就在幾步之遙。狹小的空間前所未有地考驗著床和床墊設計師的創造力。

數百年前那種不用的時候可以滑進君王四柱床底下的備用矮床，至今日常仍在使用。沙發床也是如此，曾經出了名地不好睡，但有了更好的鉸鍊和床墊後，現在改善很多。我們如今所見的折疊床也並非什麼新鮮事。西爾斯百貨幾十年前就已經銷售「現代」的折疊床，但幾乎所有這種現代節省空間設備的祖輩都可以追溯到墨菲床（Murphy bed）。威廉．勞倫斯．墨菲（William Lawrence Murphy）出生於加州，父親是淘金熱時期的淘金者。[3]他馴過馬、開過驛馬車、還短暫擔任過拓荒小鎮的警長。二十世紀初，他在舊金山租了一間窄小的單室公寓，光是床就幾乎佔了所有空間。傳說他當時正在追求一名歌劇演員，但不能邀請她來他的公寓，因為未婚女子進入男子的臥室被視為是不道德的。墨菲想要一張可以隱形的折疊床。他利用一個舊衣櫃門框和一些門鉸鏈做了一個樞軸，讓床可以固定在牆上並摺疊起來，這樣便看不見床了。據他的後代說，墨菲和女朋友結了婚，女朋友的父親借錢給他申請專利並生產「墨菲折疊床」（Murphy-In-A-Dor）。一九〇六年地震襲擊這座城市時，墨菲的新事業已經很成功。地震時，一些床劇烈折疊，有一個人就因此被夾住身亡。當時人們湧向不斷增長的城市，住房擁擠且短缺，墨菲床作為節省空間的解決方案取得了巨大

一張在紐約市的公寓中使用的墨菲床。

圖片來源：Patti McConville/Alamy Stock Photo

的成功。銷售量在一九〇〇年代初期達到頂峰，時至今日，同一家公司仍在生產這種床。

墨菲床的設計不包括彈簧床墊。床墊是放置在木質平臺或金屬網格上，用帶子固定，這樣床合起來的時候床墊就不會掉下來。原始的款式是以垂直的方式收進牆壁，但現在可以買到側收的墨菲床，與配有層架、書桌，或折疊式書桌的床，這種設計就是當床收進牆壁凹槽時桌子就會出現。甚至還有一些可以變成沙發或內含辦公室配件的款式。

墨菲床是居住在寸土寸金的公寓或公寓大樓中的人的理想解決方案，尤其像活塞式升降裝置這樣的創新技術，讓墨菲床的升降更容易。為了避免床倒塌在操作者的身上，正確安裝很重要。一九八二年，一名醉漢死在一張收起來的墨菲床內，也有兩名婦女在二〇〇五年因安裝不當的墨菲床而受困窒息。墨菲床曾在卓別林（Charlie Chaplin）的電影《凌晨一點》（*One A.M.*）與詹姆士·龐德（James Bond）電影系列中的《雷霆谷》（*You Only Live Twice*）中亮相。龐德困在墨菲床上然後床被射穿。乍看之下，他是被射殺了，但想也知道他沒死。

還有其他巧妙的解決方案來應對空間問題。有些人會將床懸掛在公寓的天花板上，這樣或許可以享受高人一等的睡眠體驗並釋放地板空間，但天花板必須特別加固，床也必須正確安裝。另一個想法是把床變成儲物艙。你睡在一件家具上，這件家具可以存放和懸掛衣服，擺放層層書籍，還能設置成娛樂中心。這樣的想法只有單人床可行，需要裝上梯子，並且小心別掉下來。但也許未來要仰仗的是「智能家具」。「奧里家居生活」（Ori Living）是機器人家具的先驅，整間房間藉由開關觸碰、智能手機應用程式或語音啟用的方式能到處移動。該公司的宣傳影片對前述高密度城市住房的居民承諾提供一種「重新想像如何在空間中生活……使空間的可居住性與效率倍增」的方式。[4]「奧里家居生活」提供的材料有：整面假牆、壁櫥、櫥櫃和其他家具，這些家具都可以在插入電源插座的電磁軌道上滑動。牆壁後推或向前，沙發區就出現了，而這裡之前是壁櫥的位置。在他們的開放式套房（Studio Suite）裡，床——就像某種終極版的備用矮床——可以滑出來靠牆、也可以用桌子擋起來，如此臥室區就變身成餐廳或聚會區。別擔心，奧里家居生活向我們保證，若家具移動時有超過一定重量的物體遮擋時，移動的家具就會停住，停電時也完全可以手動。

改變空間

有些人，包括電腦程式設計師和作家，選擇在家工作。他們有些生活在狹小且昂貴的空間，有一些不願意或無法購買機器人家具，這些人就會自行重新配置室內的空間，例如睡在工作桌的上方。這種稱為「閣樓床」（loft beds）的床在設計兒童房時也很受歡迎，因為孩子比父母更願意爬上高處的床睡覺。

長期在小空間生活的日本人，幾個世紀以來都睡在「墊被」（敷布団，shikibuton）上，這是一種白天放在層櫃、晚上鋪在地板上的薄墊子。墊被是日式床墊組「蒲團」（futon）的一部分，通常厚度約為十公分，大約是美式床墊的一半厚，裡面填的是有機棉、乳膠和羊毛，形成一個厚實的床墊。墊被是準備放在地板上用的，每天早晨都會收起來。墊被的一個很大的優點是可以在釋出地板空間的同時，提供比傳統床鋪更踏實的睡眠體驗。墊被需要每兩到三周翻轉一次以確保磨損均勻，白天則需收納起來以防止背面生成黴菌。現在還可以買到一款泡棉折疊墊被，這是一種在舊金山流行的日式床墊。

還有一些追求流動的生活方式（life on the move）的人，例如所謂的數位遊民（digital nomads）——通常指年輕、富有、精通科技的西方人。荷蘭的建築設計公司「瑪津與貝荷士工作室」（Studio Makkink and Beyhas）針對這個市場設計了一款概念床。這是一款二〇一四年設計的「遊民生活」（Nomadic Living）未來感折疊床，床體使用木頭、羊毛和大量白色棉花等天然材料。床的設計讓人想起描寫牧人生活的田園詩，差別是這張床沒有泥巴。床體可以緊實地捲成一個圓形捆包，讓床主自在地揹在背上。所有這些解決方案都是為了在比較小的空間塞進更多的床。工業革命之後的三個世紀以來，包括整個家庭、夫妻、或只是室友的數百萬人，生活在比前幾代人更為狹小的空間。這種「近身接觸」再次重新定義了十九世紀以來我們熟知的隱私。床上的隱私曾經是中產階級好幾代人的特權，但已不復存在。住在公寓裡意味著要與家人或才剛認識的室友緊密相處。該如何將自己與外界隔絕？這需要比降噪耳機更聰明的解決方案。即使是生活在傳統臥室或大空間中的人，有時也渴望完全的獨處，但在一個電視聲不絕於耳、手機又幾乎無處不在的世界中，真的很難實現。

一夜好眠

從雜誌文章和網路來看，對於如何找到方法來實現一夜好眠（也就是那種神奇的、或許迷思般地八小時不受干擾的睡眠），西方人有種近乎癡迷的追求。這種追求大多圍繞著藥物或草本療法，以及建議避免深夜飲酒、中午過後不喝含咖啡因的飲品、不要吃得太多太晚。為了好睡，枕頭也經過重新設計，例如「優菲斯」（YourFacePillow）出產側面加固的美容枕可以讓人安心仰睡。不過話說回來，關鍵還是在於床和床墊。床慢慢變化的過程也反映了技術的轉變與潮流的起落。大部分的創新總繞著床墊打轉，不過也有一些有趣的分支，例如水床。在一九六〇年代，水床可是一件頗「夯」的產品。

水床的歷史可遠不止於此，一些未經證實的消息來源指出最早的水床可追溯到古代的美索不達米亞。但設計水床的確實是查爾斯・霍爾（Charles Hall），一位學工業設計的學生。霍爾當初和一些他在舊金山州立大學的朋友為了他的碩士論文設計了一個充水的乙烯基床墊。[5] 他嘗試過一百三十六公斤的玉米澱粉凝膠，甚至還用「吉露果子凍」（Jell-O）實驗，都不幸失敗了，所以才轉而用水。畢業後，霍爾將他的水床命名為「歡樂窩」（Pleasure Pit），在加州的三十個零售據點銷售。早期他的客戶包括搖滾樂團「傑佛遜飛船」（Jefferson Airplane）和「史莫斯兄弟」（Smothers Brothers）。但是針對嬉皮士和快樂單身狗（swinging singles）行銷的廉價山寨版大量湧入市場後，霍爾無力捍衛自己的專利。山寨版的其中一個品牌叫「鹹濕夢」（Wet Dream），它的最大賣點是性愛和各種有趣姿勢的情慾場景。《花花公子》雜誌創辦人休・海夫納（Hugh Hefner）也訂製了一款水床，表面包覆的是塔斯馬尼亞袋貂的毛。時至一九八〇年代，水床已成為主流，背部有毛病或對傳統床墊過敏的人尤其愛用。水床還成為電影和電視節目的熱門話題，通常水床在這裡會上演爆炸或漏水的戲碼。

到了一九八七年，美國所有銷售的床墊中，有百分之二十二是水床。但水床也存在著嚴重的缺點。水床充水時需要在臥室裡拉根水管，然後幫床墊充水時又要擔心水可能會灑出來，或者更糟糕的是，睡覺的時候床在漏水，若以上你都不介意的話，水床其實還行。另外就是排空水床需要使用電動泵，早期的泵又非常重。許多躺在床上的人也不喜歡水床那種軟軟的感覺。

到了一九九〇年代，傳統的床墊設計師推出了創新產品，床墊變得更輕、更軟、更有彈性。面對這樣的競爭，水床市場迅速萎縮，成為小眾市場。如今，更先進的版本有像大水球般的「囊袋」（bladders），設計有減低波動系統、溫度控制，讓睡眠可以暖呼呼。此外，內建環繞聲音、治療性照明的水床以及模擬太空失重感的床墊都買得到。水床的愛好者雖說都十分忠誠，但現在大部分的人就算喜歡水床的觸感也會敬而遠之。誰會想在臥室拉根水管呢？霍爾在華盛頓州班布里奇島（Bainbridge Island）的家中睡的還是水床，不過他腦子裡設計的水床還要更複雜。他正在和開家具連鎖店的朋友合作，藉由佛羅里達的試銷市場重新回到這行業。對於那些沒有參與到一九七〇年代酷炫革命的新世代而言，也許水床的時代會因他們而再次來到。

主流的床墊製造商都會在競爭激烈且利潤豐厚的市場運營，尤其是在北美這塊地方。不過其中一些現在正向海外市場擴展，他們可能是對的，因為亞洲和其他地區有越來越多的富人促使寢具市場迅速增長。儘管銷售策略表面看似保守，市場卻充斥五花八門的賣點。例如，著名的「席伊麗」（Sealy）床墊系列包括可調式床架，具有

「各式加強版選項」。也就是說，你可以選購一張只能調節頭部的床架，或者投資一張名為「反射４」（Reflexion 4）的款式，這款床架提供頭部與足部幾乎無範圍限制且符合人體工學的位置調整。所有床架均配有無線遙控器，「反射４」還有「雙按摩區」。「席伊麗」將其頂級床墊「丹普」（Tempur-Pedic）描述為「匠心獨具、量身訂製」（exquisitely tailored），結合蠶絲加喀什米爾羊毛的表層與「鑽石壓紋」的側面。

這讓人不禁好奇，床墊的舒適度怎樣才算極限?高檔床墊已經成為一個獨立的市場。瑞典的寢具品牌「達克斯娜」（Duxiana）設計的床墊內含三層堅韌結構，且具有可調節的腰椎支撐系統，可以根據你腰部的需要調整支撐力度。而生產床墊已經超過一百五十年的瑞典「海絲騰」（Hastens Company）專門為超級富豪提供服務，他們每張床墊需要超過三百小時的手工縫製。價格則是從一萬三千美元起跳，最高可達十四萬美元。你可以加入奇特的元素來客製化自己的床組，像毛皮、上等織品、精緻金屬，或者任何想得到的材質。這些床墊都是手工製作的，細節處理超越一般床墊。「海絲騰」床墊非常耐用，禁得起世代相傳。而加州的「克勞芙特」（Kluft）所製造的「皇家宮殿」（Palais Royal）價格就稍微低一點，這張床墊擁有數千個由手工縫製的棉花包裹住的彈簧、兩層馬毛、加上超過十層的結構，還包括來自紐西蘭的四．五公斤喀什米爾羊毛。這張床墊需要十名工匠費時三天才能製造出來。英國製造商「維斯普林」（Vispring）生產完全定製的床墊，由客戶自行選擇想要的床墊張力、其他細節及面料，甚至可能選配一層小羊駝毛（vicuna wool），若是這樣，床墊的價格就會超過七萬一千美元。不過據說小羊駝毛床墊非常柔軟，感覺就像躺在雲端一般。

隨著時間的推移，床的實用優勢逐漸被聲望和特權所取代。床不再是用來炫耀的物品，但那些願意花大錢購買高檔睡眠平臺的人，通常只是希望自己被最好的東西環繞，即使他們沒有因此睡得比較香甜。對完美床墊的追求將持續不懈，因為不同的製造商都在努力爭取市場佔有率。除了不斷變化的內部技術外，床墊的許多創新也延伸到床的周邊。漸漸地，床成為逃離快節奏世界現實的避風港。今日的重點很大一部分都放在平靜安和，也就是讓人可以選擇依舊保持聯繫或完全與世隔絕。

然後，床對於家中的寵物來說也有一份寧靜感。根據美國寵物產品協會

（American Pet Products Association）的數據，近一半的寵物狗，包括百分之六十二的小型狗、百分之四十一的中型狗和百分之三十二的大型狗，會在床上或主人的床上睡覺。「和主人一起睡覺」可以給貓狗一種安全感和溫暖感。而對於另外百分之五十不和主人一起睡覺的狗狗而言，狗床已經成為一個龐大的市場。這些床通常在線上目錄銷售，目錄中的插圖安排拉布拉多犬閒散地躺在舒適的床上。高檔的狗床通常採用記憶棉、凸起的邊緣和可洗材質或水洗罩。甚至有像睡袋一樣的「地洞床」（burrow beds），或者單純的墊子，當然別忘了，還有專門為汽車設計的狗床。高檔的釣魚和戶外生活用品供應商「奧維斯」（Orvis）銷售一款床叫做「好好咬」（ToughChew），這種床「能承受爆擊或撕咬」。床體採用雙層結構，抵抗咬嚼、挖掘或撕扯。如果狗咬穿了床，「奧維斯」將全額退款。這種床有多種顏色可選，採用柔軟耐用的材料，還可以繡上愛犬的名字。

未來的床

未來的床或許就是膠囊床（pod bed）：這是一個只需懶在被窩裡，一切所需就能獲得滿足的夢幻膠囊。這樣的床已經存在，只是不甚普及。膠囊床擁有所有必要的電腦連接，透過監測睡眠者的舒適度來調整溫度與照明，甚至外面的聲音大小。當然，這些床還設有自動按摩系統，可以輕輕搖晃床鋪，慢慢且輕柔地將入睡者喚醒。天篷膠囊床（Canopy pods）還配備了一個媒體螢幕，讓人不必起身就可以在床上觀看電視或瀏覽網頁。若是想睡了，只需按下按鈕，螢幕就會被一個簡單的百葉窗合起來。

有些睡眠膠囊床還包含完整的多媒體娛樂系統，包括遊戲主機和高畫質投影機。如你所想，床可以隨你的心意調整，還有可開關的百葉窗，讓你在私密時刻感到安心。或者你可以選購一張「生態床」（Ecotypic bed），床本身配有植物，由ＬＥＤ燈照來促進生長，還配有播放音樂的喇叭助你入眠，甚至還有自己的發電系統。圍繞著床的每一個活動都可以轉換成能源。而利用磁力讓軟床墊懸浮在空中的「雲形懸浮床」（The Cloud）是放鬆和睡覺的好地方，但對於其他方面來說並不實際，除非你想過著禁慾一般的生活。

說到膠囊床通常還會聯想到膠囊旅館，這是旅館業中迅速成長的一個領域，尤其是在亞洲。膠囊旅館為商務旅客和精打細算的遊客提供了基本的需求，例如一個睡覺的地方、快速的無線網路、電子產品的充電設施，若有需要也會提供一張小辦公桌。膠囊旅館對年輕的城市旅者特別具有吸引力，他們希望住宿地點靠近市中心且有彈性。便利性是重要的利多，很大程度上這也解釋了膠囊旅館與簡易的膠囊床在亞洲可以爆炸式成長的原因。許多膠囊旅館迅速擴展成連鎖品牌，甚至可以按小時出租——這對在機場疲憊的旅客來說是一個受歡迎的選項；而且雖然沒有明確提到，但有時也會租給那些購買性服務的人。

最早的膠囊旅館源自於日本，作為一個住宿的地方，膠囊旅館沒有多餘的裝飾，幾乎不需要與其他旅客互動。不過，現在這個概念已經改變，旅客的共享工作空間和交流區域越來越受到重視。你甚至可以在 Instagram 上展示自己訂製的高科技膠囊床。還有一些極具巧思的特色膠囊旅館，比如在京都和東京書店中的膠囊旅館，你可以藏身在書架間，睡在書堆中。實際的床一如既往地大同小異，環境卻越來越客製化，技術也越見複雜，不再是一種床型服務所有人。

無論是膠囊床、天蓬床、磁浮床，還是豪華水床，它們都有一個共同點，就是連結性。現在一些床墊已經配備了ＵＳＢ插口與藍牙功能，床和智慧型手機同步也只是時間問題，讓你待在床上就能瀏覽網頁或在虛擬世界裡聊天。所有這一切都與未來的技術相關，床會知道何時該提高或降低溫度，或者調整音樂與燈光。人只需舒服地躺在床上，沉浸在由電腦創造的環境中。虛擬現實的技術可以讓床墊帶著你在綻放的花朵中、在紐約帝國大廈的頂端，或在滿月與星空下入睡。在不久的將來，就能買到客製化的床墊，為每一位使用者提供專屬的舒適區域，包含個人化的暖氣和空調設置。肯定也會有人開發能為你講述床邊故事的全像伴侶（holographic companion）。我個人則更願意投資在具有自動清潔和抗菌功能的床墊上，這樣就能讓害蟲無所遁形。

未來的睡眠者無疑會像我們祖先一樣，更喜歡躺在舒適的表面上，但未來主義者可不會就這麼算了。有些人視懸浮為終極目標，想像一系列的氣流噴射裝置將人懸浮在半空中。噴射裝置的強度可以調整，讓人可以在自己版本中的太空中漂浮。枕頭會嵌入晶片和感應器，以測量生命體徵、追蹤睡眠模式，並提供理想的起床時間。天花板和牆壁會發出模擬白天或黑夜的光線。到時人們討論的話題將會是床用型智慧手機的耳機和耳塞，以及語音控制和感應器操作的冷暖調節裝置。還有，考慮到高密度居住和越來越小的公寓，話題也會落在可以將客廳翻轉成臥室的自動化家具。垂直式房間將變得更加普遍，這樣的設計也許是為了像太空人那樣睡在睡袋裡。但是，我們該如何創造讓這種睡袋好睡的失重環境呢？

我們大多數人躺的床墊，我們的祖父母並不陌生，差別是我們這代的床墊可能更舒適。為什麼要讓智慧科技也攪進來呢？我們真的想要電子產品來追蹤我們的醫療狀況、音樂品味、最喜歡閱讀的東西和購物喜好嗎？對於越來越多沉迷於有健康監測的智慧手錶和卡路里計算的手機應用程式的人來說，答案或許是肯定的。很快我們就能買到內建睡眠追蹤功能的床墊，如此一來，我們的床墊就不會是靜態的，而是理論上會隨著時間越變越好的床。有些人認為睡眠追蹤可以讓人睡得更聰明——無論那是什麼意思。床墊或許能創造最佳的睡眠環境，卻無法解決個人感知的睡眠問題。對我們大多數的人來說，除非把白天的工作辭了，自己安排時間、明智的飲食、合理的作息、規律地運動、與枕邊人和樂融融，這或許才是一夜好眠的最佳途徑。

曾經充滿生氣、所有生命都在此展開的床已消失在陰影中，但如今的床有希望成為一個虛擬的社交場所。美國藝術家蘿瑞・安德森（Laurie Anderson）說：「科技是我們圍在一起講故事的營火」。在某種程度上她是對的。藉由科技，我們可以期待能夠將任何人或任何想法帶到床上，只不過缺少了我們祖先習以為常的那種身體親近感罷了。

無限連接又無限分離：今日的床反映了我們的生活，就像一直以來那樣。當我們掀開明天床上的被單時，就能看到我們世界的未來，所有關於相互連結的夢想都在這裡，呈現得淋漓盡致。

致謝

在我們最瘋狂的夢想中，從沒想過身為考古學家的我們會寫一本關於床的書，而且我們花費人生三分之一時間在這件家具上！事實上，開始動筆後，這本書從對該器物的調查，轉變成我們在那個物體上做的事情的全部歷史。

一連串不尋常的情況促成了這本既具挑戰性又迷人的書。一切始於布萊恩受邀請在舒達（Serta）和席夢思（Simmons）床墊公司一場小型會議裡，對高階主管們講述有關床的歷史，當時這兩家公司正處於合併過程。得知此事後，來自耶魯大學的比爾．弗魯赫特（Bill Frucht）說服布萊恩寫一本有關此主題的書，隨後布萊恩邀請他的朋友娜迪亞．杜蘭尼（Nadia Durrani）一同參與寫作。

我們需要感謝的人很多。布萊恩深深感謝蒙特婁 Mobilis 顧問公司的克里斯．庫柏（Chris Cooper）與瑪莉・拉森（Mary Larson），將他引入顧問團隊，參與舒達和席夢思的案子，為他提供了這個機會和獲得相關建議。對我們兩人來說，耶魯大學出版社的比爾・弗魯赫特（Bill Frucht）一直持續不斷鼓勵著我們，還有雪莉・羅文科芙（Shelly Lowenkopf）提供了寶貴建議，而在最後階段與我們共事的編輯勞倫斯・肯尼（Lawrence Kenney）是位非常愉快的工作夥伴。我們感謝許多提供意見、想法和建議的朋友和同事，事實上有太多人了，無法逐一致謝。請收下我們的集體感謝！特別感謝艾登・達德森（Aidan Dodson）、約翰・赫伯（John Herbert）、馬修・席利爾（Matthew Hillier）、卡洛琳・席利爾（Caroline Malone）、喬治・邁克斯（George Michaels）、奧村・潘（Ortrun Peyn）、桑米亞・里亞茲（Samina Riaz）、弗農・斯卡博羅（Vernon Scarborough）和凱斯琳・夏普（Kathleen Sharp）。

最後，由衷感謝我們的家人，在我們完成這本書的漫長過程中忍受了我們不在身邊。沒有他們，這本書永遠不會誕生。謝謝你們所有人。別忘了那隻偉大的貓，Atticus Catticus Catamore Moose。

注釋

第一章：揭開床的面紗

1. Wright, 2004.
2. Samson, 2012.
3. Thoemmes et al, 2018.
4. Wadley et al., 2011.
5. Nadel, 2004.
6. Shafer and Bryant, 1977.
7. Childe, 1983.
8. Richards, 2005; Richards and Jones, 2016.

9. Parker Pearson, 2012.
10. Malone and Stoddart, 2016; Malone, 2008.
11. Tetley, 2000. —則關於地面睡覺的實用概述性文章："Instinctive sleeping and resting postures: an anthropological and zoological approach to treatment of lower back and joint pain," https://www.ncbi.nlm.nih.gov/pmc/articles/PMC1119282/.
12. Dodson and Hilton, 2004.
13. Reeves, 1990.
14. Siculus, *Historical Library*, vol. 1: chapter 70.
15. Carlano and Sumberg, 2006; Crystal, 2015.
16. 關於崔斯坦被子，參見維多利亞與亞伯特博物館網站：https://collections.vam.ac.uk/item/O98183/the-tristan-quilt-bed-cover-unknown/.
17. https://www.pepysdiary.com/diary/1666/08/15.
18. Ormiston and Wells, 2010.
19. http://www.retailtimes.co.uk/bed-overtakes-sofa-used-piece-furniture-britishhomes-made-com-reports/.

第二章：睡眠的歷史

1. 威爾斯作家威廉・沃恩爵士（c. 1575–1641）是倡導殖民紐芬蘭的威爾斯作家。引文來自沃恩一六〇九年著作的第三章。
2. Phiston, 1609.
3. Ibid.
4. Cited by Ekirch, 2005: 310.
5. Freud and Strachey, 2010.
6. Horne, 2007: 165.
7. Den Boer, 2012.
8. Wehr, 1992.
9. Ekirch, 2005. 早期現代英國的資料，參閱 Handley, 2016.
10. Glaskin and Chenhall, 2013.
11. See Yetish et al., 2015.
12. Huffi ngton, 2017: 76.
13. Walker, 2017.

14. Reiss, 2017.
15. Horne, 207.
16. Churchill, 2013: 999.
17. 來自一九二七年二月六日刊登在《紐約時報》上，愛德華・馬歇爾與愛迪生的訪談。
18. Kripke et al., 2002.

第三章：床上性行為

1. Tacitus, Annals 15: 37–41. 羅馬皇帝尼祿（37–68）是位奢華鋪張的暴君，他在缺席審判的狀態下，因身為「民眾公敵」而被判死刑，他得知此訊息後自殺。
2. Crystal, 2015.
3. Booth, 2015.
4. Cooper, 2002: 94.
5. Xenophon, 1979, chapter 7, section 11.
6. Crystal, 2015: 144.
7. Wright, 2004: 72.

8. Tannahill, 1980, chapter 7.

9. Grundy, 2010. 也可參閱 Patterson, 2013.

10. Malinowski, 1929.

11. George, 2016.

12. Crystal, 2015: 15. 大英博物館典藏編號 1867, 0509.55.

13. Tannahill, 1980: 164. See also Van Gulik, 1994.

14. Tannahill, 1980. 參閱第八章，有更全面性的討論。也可參閱 Daniélou, 1993.

15. Straton. From *Anthologica Palantinus*, 12, 4, quoted by Tannahill, 1980: 75.

16. Socrates. From Xenophon, Symposium 2, quoted by Tannahill, 1980: 83.

17. Plutarch, "Life of Lycurgus," 18, quoted by Tannahill, 1980: 90.

18. Knudsen, 2012.

19. McGinn, 2004.

20. Wright, 2004: 40.

21. Tannahill, 1980: 381–87.

第四章：請找助產婦

1. 二〇一七年進行胎兒牙齒的科學分析顯示，母親與嬰兒死亡的時間約在懷孕三十一周到三十三周之間，兩者在死前兩個半月前承受非常大的壓力。更完整的報告可參閱 Nava 等人的文章。
2. Genesis 3:16.
3. （有著修復後的頭）加泰土丘女性坐像目前在土耳其安卡拉的安那托利亞文明博物館（the Anatolian Civilizations Museum）長期展出，參見網站：kultur.gov.tr
4. 對當前嬰兒死亡率更詳細的資訊，請參照世界衛生組織網站：http://www.who.int/gho/child_health/mortality/mortality_under_five_text/en/.
5. Papyrus Westcar: www.revolvy.com. 相關背景與討論，參閱 Booth, 2015 和 Blackman, 1988.
6. Nunn, 2002.
7. 印度醫生妙聞，人稱手術之父，約於西元前六百年出生在印度北方邦。他的著作《妙聞手札》為現存古老醫藥典籍中最重要的文獻之一。參閱 Bhishagratna, 2006.
8. King, 2005; Soranus of Ephesus and Owsei Temkin, 1991.

9. Posidippus, as quoted by Blundell, 1995: 131. 波斯迪普斯是西元前二世紀的格言詩人。
10. Cook and Luo, 2017.
11. From Ishinpo, 23.8 a.《醫心方》有三十卷，為日本現存最長與最古老的醫學文獻，由丹波康賴於西元九八四年完成。由 Jen-der Lee 引用 , 1996: 228.
12. 源自王韜（音譯），引自崔知悌（西元六八一年逝世）作品，他針對分娩醫學有廣泛寫作。由 Jen-der Lee 引用 , 1996: 235.
13. 此諺語取自《醫心方》23.24a, 由 Jen-der Lee 引用 , 1996: 234.
14. Licence, 2012: 213.
15. 倫敦邱園植物園裡有詳細資訊。（kew.org）.
16. Licence, 2012: 213.
17. 來自 Roger Schofield, 1993 的研究。"Did the mothers really die?" in Peter Laslett, ed., *The World We Have Lost*（Cambridge: Cambridge University Press）, cited by Licence, 2012.
18. 弗朗索瓦・莫理士（1637–1709）是十七世紀頂尖婦產科醫師。引用自 Mauriceau, 1668: 157.

19. Meigs, 1854: 104. 查爾斯・德盧森納・梅格斯（1792–1869）是位美國婦產科醫師，他反對產科麻醉，並深信醫生的雙手絕不可能傳染疾病。

20. Kleeman, 2015.

第五章：死亡與死後世界

1. El Brujo 金字塔為複雜的儀式性建築由莫切文明國家於西元一年到西元六〇〇年間建造。「卡奧夫人」的細節尚未被公開，除了民間描述之外，包括娜迪亞・杜蘭尼在《今日考古學》（*Current World Archaeology*, 2009, issue 35）期刊上的一篇專題文章。參閱 https://www.world-archaeology.com/travel/moche-route-the/.

2. 引自 Tablet 8 of the Epic of Gilgamesh. 網路完整搜尋資料 http://www.ancienttexts.org/library/mesopotamian/gilgamesh/tab8.htm. 或參閱 George, 2016.

3. Baughan, 2013, chapters 1, 2.

4. Reisner, 1923.

5. Kemp et al., 2013.

6. Bianucci et al., 2015.

7. Reeves, 1990.
8. 皇家建築師卡的墳墓內藏物，在義大利杜林重新整修過的埃及博物館內展出。參見 https://www.museoegizio.it/en/.
9. 在杰里科挖掘的考古學家凱斯琳・肯楊於一九六〇年發表 Tomb H18 的研究，並被引用於 Baughan, 2013.
10. Baughan, 2013.
11. Needham and Ping-Yü, 1959, 1970.
12. Whitelock, 2013: 338ff.
13. Quoted in ibid., 342.
14. Ibid.
15. 柏拉圖在《斐多篇》記錄了蘇格拉底的死亡，古代讀者也稱之為《論靈魂》。文章由 Benjamin Jowett（1892）翻譯，引文取自 113.
16. 塔西佗出生於西元五六至五七年間，為皇帝尼祿在位時期。引文取自 Annals, book 15: 60–64. 參閱 Blakeney, 1908, 1:498–502. 關於塞內卡的死亡，可參閱 Ker, 2009.
17. 尼莫伊的推特推文可見於：https://twitter.com/therealnimoy/status/569762773204217857?

lang=en.

18. 斯廷坎普為皮斯托利斯的女友。皮斯托利斯於二〇一三年被判謀殺斯廷坎普。她的推特推文在此：https://twitter.com/reevasteenkamp?lang=en.

19. Hardy, 1998: 117.

20. 關於 Torajans 影像，參見 http://www.bbc.co.uk/news/magazine-39603771.

第六章：陌生床伴

1. 威爾大床可於倫敦維多利亞與亞伯特博物館 Room 57 看到。參閱 www.vam.ac.uk. 安哈特—克滕公國的路德維希王子（1579–1650）是名普通的小王子，偏好農業發展，而非打仗。引文出自 www.greatbedofware.org.uk.

2. Shakespeare, Twelfth Night 3:2.

3. 引文出自 www.greatbedofware.org.uk.

4. Ekirch, 2005: 279. 也可參閱 Worsley, 2012.

5. Melville, 2012: 36.

6. Butterfi eld, 1961: 418.

7. Liedloff, 1975: 17.

8. 約翰・懷廷（1908–1991）與妻子碧雅翠絲・懷廷（1914–2004）皆為頂尖心理人類學家，為孩童發展比較研究的先驅，兩位一開始任職於耶魯，接著轉到哈佛。對於兩人研究的概述，參閱 Edwards and Bloch（2010），更多研究引用於 Pawlik and Rosenzweig, 2000: 242

9. Carlano and Sumburg, 2006: 83.

10. Handley, 2016.

11. Ekirch, 2005.

12. Ibid.

13. Tomalin, 2007.

14. Tahhan, 2013.

15. 出自 *The Works of Benjamin Jonson*（London, 1616），引用自 Ekirch 2005: 292.

16. Soranus and Temkin, 1991. 也可參閱 Soranos, Gynaikia（P. Burguière, D. Gourévitch, and Y. Malinas, trans. and eds., *Soranus d'Ephèse: maladies des femmes* [Paris 1988], 1:xxxix–xl）.

17. 關於詹姆斯・麥肯納的著作，參見 https://cosleeping.nd.edu.

18. Ibid.
19. Carlona and Sumberg, 2006, chapter 7. Wright, 2004, chapter 33.
20. Carlona and Sumberg, 2006.
21. Borel, 2015.
22. Gizelle Schoch, personal communication.
23. Reiss, 2017.

第七章：移動的床

1. Lorenzi, 2017.
2. Lehner and Hawass, 2017.
3. 引用自 Fagles, 1996: book 4, ll. 332–35, and book 20, l. 410.
4. Thesiger and Anderson, 2008.
5. Lattimore, 1941.
6. Richardson, 2014.
7. 英國作家約翰・伊夫林寫作主題眾多，包括園藝、神學與素食主義。他於一六四〇年至一七〇六年間書寫《日記》（其中某些部分比較像是回憶錄，這些部分為後來增添進去）。引文出自 Bédoyère, 1995: 63.

8. Ibn Battuta. 1853–58, 3:380.
9. 喬治・羅伯特・格雷格（1796–1888）原為一名士兵，之後成了牧師。他寫了許多關於軍事主題的書籍，包括一本威靈頓的傳記。引文取自 Gleig, 1871: 127.
10. 關於拿破崙行軍床的資訊源自 Fondation Napoleon at Napoleon.org. HomeHistory of the Two EmpiresObjectsNapoleon's camp bed.
11. 此段引文取自 Miller, 1915: 62.
12. Startzman, 2014.
13. Frink and Frink, 1897: 7.
14. Richardson and Eberlein, 1925.
15. Leyendecker, 1992.
16. 露營車的討論見於 Jim Morrison, "Commemorating 100 Years of the RV," www.Smithsonianmag.com, August 24, 2010.

第八章：公開的寢室

1. Wright, 2004: 29.
2. Ibid.
3. Ibid. ,73.
4. Whitelock, 2013.
5. Ibid., 244.
6. Mitford and Mansel, 2012.
7. Siculus, 2014: vol. 1: chapter 70.
8. 聖西蒙公爵（1675–1755）是路易十四宮廷裡的編年史家，雖然不太可靠。聖西蒙公爵的《路易十四回憶錄》（*The Memoirs of Louis XIV*）是凡爾賽宮的重要資料來源。參閱 https://www.gutenberg.org/files/3875/3875-h/3875-h.htm.
9. Wright, 2004: 108.
10. 薩德克·穆罕默德·罕阿巴西四世的床可見於一幅水彩畫裡，以及數張由 Christofle 於一八八二年拍攝的照片裡。參閱 Skoggard, 2000.
11. Danchev and Todman, 2001: 223.

第九章：私人庇護所

1. 二〇一三年聯邦貿易委員會於網上舉辦工作坊，他在活動中所做的評論。
2. Malinowski, 1929.
3. Pliny the Elder, *Natural History*, book 35. Pliny and Holland, 2013.
4. Pompeii graffi ti: McGinn, 2004.
5. 本段的引文出自於 Fagan, 2004: 18–23.
6. Olsen, 1976.
7. Tosh, 1999.
8. Flanders, 2003, introduction and chapter 1.
9. 取自一九一八年六月《恩肖嬰兒用品部》（*Earnshaw's Infants' Department*），這是本商業刊物。
10. Warren and Brandeis, 1890: 196.
11. Flanders, 2003, chapter 1.
12. Quoted by Ekirch, 2005: 282.
13. Panton, 1888: 182.

14. Ibid., 183.
15. Ibid., 189.
16. Ibid., 140.
17. Beeton, 1859–61: 992.
18. Flanders, 2003: 47.
19. Haweis, 1889.

第十章：明日之床

1. Charpoys: www.stringbedco.com.
2. Frey, 2016: 65.
3. 墨菲一生的最佳概述可見於 https://www.en.wikipedia.org/wiki/Murphy_bed.
4. https://oriliving.com.
5. Greenfi eld, 2010.

參考書目

我們查閱了數百篇文章、書籍和網站，這本書的許多資料都相當冷門。這裡僅列舉一些主要來源。

- Baughan, Elizabeth P. 2013. Couched in Death: Klinai and Identity in Anatolia and Beyond. Madison: University of Wisconsin Press.
- Beard, Mary. *Guardian* article: https://www.theguardian.com/books/2009/mar/2/ philosophy.
- Bédoyère, Guy de la, ed. 1995. *Diary: John Evelyn.* Woodbridge, UK: Boydell Press. Beeton, Isabella. 1859–61. *Mrs Beeton's Book of Household Management.* London: Chancellor Press, 1982.
- Bhishagratna, Kaviraj Kunjalal, trans. 2006. *The Sushruta Samhita: An English Translation*

Based on Original Texts. New Delhi: Cosmo Publications.

- Bianucci, Raffaella, et al. 2015. "Shedding New Light on the 18th Dynasty Mum- mies of the Royal Architect Kha and His Spouse Merit." PLOS One DOI: 10.1371/journal.pone.0131916.
- Blackman, A. V. 1988. *The Story of King Cheops and the Magicians*. Hemet, CA: J. V. Books.
- Blakeney, E. H., ed. *Tacitus: The Annals*. Vol. 1:498–502. London: J. M. Dent. Blundell, Sue. 1995. *Women in Ancient Greece*. Cambridge: Harvard University Press. Booth, Charlotte. 2015. *In Bed with the Ancient Egyptians*. Amberley, UK: Stroud. Borel, Brooke. 2015. *Infested: How the Beg Bug Infiltrated Our Bedrooms and Took*
- *Over the World*. Chicago: University of Chicago Press.
- Butterfield. L. H. 1961. *Diary and Autobiography of John Adams*. Vol. 3 Cambridge, MA: Belknap Press.
- Carlano, Annie, and Bobbie Sumberg. 2006. *Sleeping Around: The Bed from Antiquity to Now*. Seattle: University of Washington Press; Santa Fe: Museum of Interna- tional Folk Art.
- Childe, Vere Gordon. 1983. *Skara Brae*. Rev. ed. London: HM Stationery Office. Churchill, Winston S. 2013. *Churchill by Himself*. London: Rosetta Books.
- Cook, Constance, and Xinhui Luo. 2017. *Birth in Ancient China: A Study of Meta- phor and Cultural Identity in Pre-Imperial China*. Albany: State University of New York Press.

- Cooper, Jerold S. 2002. "Virginity in Ancient Mesopotamia." In *Sex and Gender in the Ancient Near East,* ed. S. Parpola and R. Whiting. Helsinki: SAA.
- Crystal, Paul. 2015. *In Bed with the Romans.* Amberley, UK: Stroud.
- Danchev, Alex, and Daniel Todman, eds. 2001. *Field Marshall Lord Alanbrooke: War Diaries, 1939–1945.* London: Weidenfeld and Nicholson.
- Daniélou, Alain. 1993. *The Complete Kama Sutra.* New York: Simon and Schuster.
- den Boer, E. 2012. "Spirit Conception: Dreams in Aboriginal Australia." *Dream-ing* 22, no. 3: 192–211.
- Dodson, Aidan, and Dyan Hilton. 2004. *The Complete Royal Families of Egypt.* London: Thames and Hudson.
- Edwards, Carolyn P., and Marianne Bloch. 2010. "The Whitings' Concepts of Culture and How They Have Fared in Contemporary Psychology and An- thropology." Faculty Publications, Department of Psychology. 501. http:// digitalcommons.unl.edu/psychfacpub/501.
- Ekirch, Roger A. 2005. *At Day's Close: The Night in Times Past.* New York: Norton. Elyot, Thomas. 1539. *The Castell of Helth.* London: Thomas Bethelet.
- Fagan, Brian. 2004. *Fish on Friday: Feasting, Fasting, and the Discovery of the New World.*

New York: Basic Books.

- Fagles, Robert. 1996. *The Odyssey: Homer.* New York: Viking.
- Flanders, Judith. 2003. *Inside the Victorian Home: A Portrait of Domestics Life in Victorian England.* New York: Norton.
- Freud, Sigmund, and James Strachey, trans. 2010. *The Interpretation of Dreams: The Complete and Definitive Text.* New York: Basic Books.
- Frey, Thomas. 2016. *Epiphany Z: Eight Radical Visions for Transforming Your Future.* Hampton, VA: Morgan James.
- Frink, Ledyard, and Margaret A. Frink. 1897. *Journal of a Party of California Gold Seekers.* Oakland, CA: publisher unknown.
- George, Andrew. 2016. *The Epic of Gilgamesh.* Rev. ed. New York: Penguin Classics. Glaskin, Katie, and Richard Chenhall, eds. 2013. *Sleep Around the World: Anthro-pological Perspectives.* New York: Palgrave Macmillan.
- Gleig, George Robert. 1871. *The Life of Arthur, Duke of Wellington.* London: Longmans, Green, Reader, and Dyer.
- Goodman, Ruth. 2017. *How to Be a Tudor.* New York: Liveright. Greenfield, Rebecca. 2010. "The Rise and Fall of the (Sexy, Icky, Practical) Waterbed." *Atlantic,* August 13, 2010.

- Grundy, Mrs. 2010. *A History of Four Centuries of Morals in Great Britain and the United States Intended to Illuminate Present Problems.* Reprint. Whitefish, MT: Kessinger.
- Handley, Sasha. 2016. *Sleep in Early Modern England.* New Haven: Yale University Press.
- Hardy, Thomas. 1998 (1891). *Tess of the d'Urbervilles.* Edited by John Paul Riquelme. New York: Bedford Books.
- Haweis, Mary Eliza Joy. 1889. *The Art of Housekeeping.* London: Chatto and Windus. Horne, Jim. 2007. *Sleepfaring: The Secrets and Science of a Good Night's Sleep.* Oxford: Oxford University Press.
- Huffington, Arianna. 2017. *The Sleep Revolution: Transforming Your Life, One Night at a Time*. New York: Harmony Books.
- Ibn Battuta. 1853–58. *The Travels of Ibn Battutah.* Translated by Tim Macintosh- Smith. New York: Pan Macmillan.
- James, H. E. M. 1888. *The Long White Mountain, or a Journey in Manchuria.* London: Longmans, Green, 1888.
- Ker, James. 2009. *The Deaths of Seneca.* Oxford: Oxford University Press.
- Kemp, Barry, et al. 2013. "Life, Death and beyond in Akhenaten's Egypt: Exca-vating the South Tombs Cemetery at Amarna." *Antiquity* 87, no. 335: 64–78.

- King, Helen. 2005. *Greek and Roman Medicine*. Bristol, UK: Bristol Classical Press.
- Kleeman, Alexandra. 2015. "The Bed-Rest Hoax: The Case against a Venerable Pregnancy Treatment." *Harper's Magazine*. December, 2015.
- Knudsen, Christian D. 2012. "Naughty Nuns and Promiscuous Monks: Monastic Sexual Misconduct in Late Medieval England." PhD diss., University of Toronto.
- Kripke, D. F, et al. 2002. "Mortality Associated with Sleep Duration and Insom- nia." *Arch Gen Psychiatry* 59, no. 2: 131–36.
- Lattimore, Owen. 1941. *Mongol Journeys*. London: Jonathan Cape.
- Lee, Jen-der, 1996. "Childbirth in Early Imperial China." *Bulletin of the Institute of History and Philology, Academia Sinica* 67, no. 3: 533–642. Translated by Sabine Wilms, 2005. Available online at www.brill.nl.
- Le Goff, Jacques. 2009. *Saint Louis*. Notre Dame, IN: University of Notre Dame Press.
- Lehner, Mark, and Zahi Hawass. 2017. *Giza and the Pyramids*. London: Thames and Hudson.
- Leyendecker, Liston Edgington. 1992. *Palace Car Prince: A Biography of George Mortimer Pullman*. Boulder: University Press of Colorado.
- Licence, Amy. 2012. *In Bed with the Tudors*. Stroud, UK: Amberley.

- Liedloff, Jean. 1975. *The Continuum Concept: In Search of Happiness Lost.* New York: Da Capo Press.
- Lorenzi, Rossella. 2017. “Fit for a King: Tut’s Camping Bed Was an Ancient Marvel.” *Live Science,* August 1, 2017. Livescience.com.
- Malinowski, Bronislaw. 1929. *The Sexual Life of Savages in North-western Melanesia, British New Guinea.* London: Eugenics.
- Malone, C., and S. Stoddart. 2016. “Figurines of Malta.” In *The Oxford Handbook of Prehistoric Figurines*, ed. T. Insoll, 729–53. Oxford: Oxford University Press.
- Malone, C. A. T. 2008. “Metaphor and Maltese Art: Explorations in the Temple Period.” *Journal of Mediterranean Archaeology* 21, no. 1: 81–108.
- Marshall, Edward, February 6, 1927. “Edison at 80 views a world he changed.” *New York Times* archives.
- Mauriceau, Francis. 1668. *The Diseases of Women with Child, and in Child-Bed.* Translated by Hugh Chamberlen. London: T. Cox.
- McGinn, Thomas A. J. 2004. *The Economy of Prostitution in the Roman World.* Ann Arbor: University of Michigan Press.
- Meigs, Charles. 1854. *On the Nature, Signs and Treatment of Childbed Fevers.* Phila- delphia:

Blanchard and Lea.

- Melville, Herman. 2012 (1851). *Moby-Dick.* New York: Dover Publications.
- Miller, Warren Hastings. 1915. *Camp Craft.* Reprint. Kolkata: Ananda Quinn.
- Mitford, Nancy, and Philip Mansel. 2012. *The Sun King.* New York: NYRB Classics.
- Nadel, Dani. 2004. "Continuity and Change: The Ohalo II and the Natufian Dwelling Structures (Jordan Valley, Israel)." In *The Last Hunter-Gatherers in the Near East,* ed. C. Delage, 75–84. Oxford: BAR International Series.
- Naughan, Elizabeth P. 2013. *Couched in Death.* Madison: University of Wisconsin Press.
- Nava, Alessia, et al. 2017. "Virtual Histological Assessment of the Prenatal Life History and Age at Death of the Upper Paleolithic Fetus from Ostuni (Italy)." Nature.com Scientific Reports, 7, Article number: 9527.
- Needham, Joseph, and Ho Ping-Yü. (1959). "Elixir Poisoning in Medieval China." *Janus* 48: 221–51. Reprinted in *Clerks and Craftsmen in China and the West: Lectures and Addresses on the History of Science and Technology*, 316–39. Cambridge: Cambridge University Press, 1970.
- Nunn, John Francis. 2002. *Ancient Egyptian Medicine.* Norman: University of Oklahoma Press.

- Olsen, Donald J. 1976. *The Growth of Victorian London.* New York: Penguin.
- Ormiston, Rosalind, and Nicholas W. Wells. 2010. *William Morris: Artist, Craftsman, Pioneer.* Rev. ed. London: Flame Tree.
- Panton, Jane Ellen. 1888. *From Kitchen to Garrett: Hints for Young Householders.* London: Ward and Downey.
- Parker Pearson, Mike. 2012. *Stonehenge: Exploring the Greatest Stone Age Mystery*. London: Simon and Schuster.
- Patterson, Anthony. 2013. *Mrs Grundy's Enemies: Censorship, Realist Fiction and the Politics of Sexual Representation.* Bern, Switzerland: Peter Lang.
- Pawlik, Kurt, and Mark R Rosenzweig, eds. 2000. *The International Handbook of Psychology.* London: SAGE.
- Pepys, Samuel, and Mynors Bright. 1970. *The Diary of Samuel Pepys: A New and Complete Transcription.* Berkeley: University of California Press.
- Phiston, William. 1609. *The Schoole of Good Manners, or A New Schoole of Vertue.* London: W. White for William Inoes.
- Plato. *Phaedo.* Translated by Benjamin Jowett, 1892. Reissued by CreateSPace In- dependent Publishing Platform, 2017.

- Pliny the Elder. 2013 (AD 77). *Pliny's Natural History: In Thirty-Seven Books,* ed.
- Philemon Holland. Seattle: Amazon Digital Services.
- Reeves, Nicholas. 1990. *The Complete Tutankhamun.* London: Thames and Hudson.
- Reisner, George. 1923. *Excavations at Kerma.* Cambridge: Peabody Museum, Har- vard University).
- Reiss, Benjamin. 2017. *Wild Nights: How Taming Sleep Created Our Restless World.* New York: Basic Books.
- Richards, Colin, ed. 2005. *Dwelling among the Monuments.* Cambridge: MacDonald Institute.
- Richards, Colin, and Richard Jones, eds. 2016. *The Development of Neolithic House Societies in Orkney.* Oxford: Oxbow Books.
- Richardson, A. E., and H. Donaldson Eberlein. 1925. *The English Inn Past and Present.* London: Batsford.
- Richardson, Glen. 2014. *The Field of the Cloth of Gold.* New Haven: Yale University Press.
- Saint-Simon de Rouvroy, Louis. 1910. *Memoirs of Louis XIV and His Court and of the Regency.* New York: C. F. Collier.
- Samson, Donald R. 2012. "The Chimpanzee Nest Quantified: Morphology and Ecology of

Arboreal Sleeping Platforms within the Dry Habitat Site of Toro- Semiliki Wildlife Reserve, Uganda." *Primates* 53: 357–64.

- Shafer, Harry J., and Vaughn M. Bryant Jr. 1977. *Archaeological and Botanical Studies at Hinds Cave, Val Verde County, Texas*. College Station: Texas A&M Univer- sity, Anthropological Laboratory, Special Series 1.
- Siculus, Diodorus. 2014. *Historical Library.* Translated by Giles Lauren. Seattle: Amazon Digital Services.
- Skoggard, Carl A. 2000. "Asleep with Painted Ladies." *Nest* 10: 100–105. Soranus of Ephesus. 1991. *Soranus' Gynecology.* Translated by Owsei Temkin. Bal-timore: Johns Hopkins University Press.
- Speert, Harold. 2004. *Obstetrics and Gynecology: A History and Iconography.* 3rd ed.
- Boca Raton, FL: CRC Press.
- Startzman, Ethan. 2014. "A Brief History of Sleeping Bags." ezinearticles.com, January 21, 2014.
- Szpakowska, Kasla, and John Baines. 2006. *Through a Glass Darkly: Magic, Dreams, and Prophecy in Ancient Egypt*. Swansea, UK: Classical Press of Wales.
- Tahhan, Diana Adis. 2013. "Sensuous Connections in Sleep: Feelings of Security and

Interdependency in Japanese Sleep Rituals." In *Sleep around the World: Anthropological Perspectives,* ed. Katie Glaskin and Richard Chenhall, 61–78. New York: Palgrave Macmillan.

- Tannahill, Reay. 1980. *Sex in History.* New York: Stein and Day.
- Tetley, Michael. 2000. "Instinctive Sleeping and Resting Postures: An Anthropo- logical and Zoological Approach to Treatment of Lower Back and Joint Pain." *British Medical Journal* 321: 1616.
- Thesiger, Wilfred, and John Lee Anderson. 2008. *The March Arabs.* Reprint. Bal- timore: Penguin Classics.
- Thoemmes, Megan S., et al. 2018. "Ecology of Sleeping: The Microbial and Arthropod Associates of Chimpanzee Beds." *Royal Society Open Science* 5, no. 5: 180382 DOI: 10.1098/rsos.180382
- Tomalin, Claire. 2007. *Samuel Pepys: The Unequalled Self.* New York: Vintage. Tosh, John. 1999. *A Man's Place: Masculinity and the Middle-Class Home in Victorian England.* New Haven: Yale University Press.
- Van Gulik, Robert H. 1994. *Sexual Life in Ancient China: A Preliminary Survey of Chinese Sex and Society from ca. 1500 B.C. till 1644 A.D.* Leiden: Brill.

- Van Meilj, Toon. 2013. "Maori Collective Sleeping as Cultural Resistance." In *Sleep around the World: Anthropological Perspectives,* ed. Katie Glaskin and Rich- ard Chenhall, 133–50. New York: Palgrave Macmillan.
- Vaughan, William. 1609. *Approved Directions for Health, Both Natural and Artificiall.* London: T. Snodham for Roger Jackson.
- Wadley, Lyn, et al. 2011. "Middle Stone Age Bedding Construction and Settlement Patterns at Sibudu, South Africa." *Science* 334: 6061.
- Walker, Matthew. 2017. *Why We Sleep.* New York: Simon and Schuster.
- Warren, Samuel D., and Louis D. Brandeis. 1890. "The Right to Privacy." *Harvard Law Review* 4, no. 5: 193–220.
- Wehr, Thomas. 1992. "In Short Photoperiods, Human Sleep Is Biphasic." *Journal of Sleep Research* 1, no. 2: 103–7.
- Whitelock, Anna. 2013. *Elizabeth's Bed: An Intimate History of Elizabeth's Court.* New York: Picador.
- Whiting, John, and Eleanor Hollenberg Chasdi, eds. 2006. *Culture and Human Development: The Selected Papers of John Whiting.* Cambridge: Cambridge University Press.
- Wilkinson, Richard. 2017. *Louis XIV.* Abingdon, UK: Routledge.

- Worsley, Lucy. 2012. *If Walls Could Talk: An Intimate History of the Home*. New York: Bloomsbury.
- Wright, Lawrence. 2004. *Warm and Snug: The History of the Bed*. Stroud, UK: Sutton Books.
- Xenophon. 1979. *Xenophon in Seven Volumes*. Vol. 4. Cambridge: Harvard University Press.
- Yetish, Gandhi, et al. 2015. "Natural Sleep and Its Seasonal Variations in Three Pre-industrial Societies." *Current Biology* 25, no. 21: 2862–68.

國家圖書館出版品預行編目(CIP)資料

床，和床上的人類史：性交、出生、就寢、死亡......床的歷史與我們在上面做過的事 / 布萊恩．費根 (Brian Fagan), 娜蒂亞．杜拉尼 (Nadia Durrani) 著；林楸燕譯．-- 初版．-- 新北市：日出出版：大雁出版基地發行，2024.01
304 面；14.8*20.9 公分
譯自：What we did in bed : a horizontal history
ISBN 978-626-7382-46-2(平裝)
1.CST: 社會生活 2.CST: 生活史 3.CST: 床
542.53　　11201997

床，和床上的人類史

性交、出生、就寢、死亡……床的歷史與我們在上面做過的事

What We Did in Bed :A Horizontal History
by Brian Fagan and Nadia Durrani

Originally published by Yale University Press
This edition arranged with Yale Representation Limited
through Bardon-Chinese Media Agency

作　　者　布萊恩・費根(Brian Fagan)與娜蒂亞・杜拉尼(Nadia Durrani)
譯　　者　林楸燕
責任編輯　李明瑾
封面設計　張　巖
內頁排版　陳佩君
發 行 人　蘇拾平
總 編 輯　蘇拾平
副總編輯　王辰元
資深主編　夏于翔
主　　編　李明瑾
業　　務　王綬晨、邱紹溢、劉文雅
行　　銷　廖倚萱
出　　版　日出出版
發　　行　大雁文化事業股份有限公司
地址：新北市新店區北新路三段 207-3 號 5 樓
電話：(02) 8913-1005　傳真：(02) 8913-1056
劃撥帳號：19983379 戶名：大雁文化事業股份有限公司
初版一刷　2024 年 1 月
定　　價　520 元

ISBN 978-626-7382-46-2